# 実存カウンセリング

永田勝太郎

駿河台出版社

ビクトール・フランクル博士

# まえがき

私が初めてビクトール・フランクル博士とお会いしたのは一九九〇年の六月であった。その頃、私は人生に挫折し、路頭に迷っていた。「困ったら、初心に返る」思いで、学生時代に読んだ先生の著作『意志の探求――精神医学者の収容所体験』（日本名『夜と霧』）を読み返し、一筋の光明を得た。貪るように読み返し、私自身の生きる意味、医療の意味をもう一度考え直した。その結果、私は立ち直れた。無性にフランクル博士にお会いしたくなった。そしてウイーンへ飛んでいった。

以降、先生がお亡くなりになる一九九七年まで、何回、否、何十回、ウイーンへと んだことか。

先生には不思議なエネルギーがあった。お会いすると、元気が出てくる。苦難に立ち向かおうとする力が湧いてくる。先生のいう自己超越の力が湧いてくる。

私は実存分析（ロゴセラピー）をさまざまな疾患の治療に試みた。手探りだった。それを先生に報告し、評価していただいた。先生は厳しい中にもいつも的確な評価をしてくださった。その成果を本書にまとめた。

その中には癌の末期の患者、神経難病の患者など現代医学では治療の見込みのない患者も多数いた。しかし、実存分析が奏効すると、見事に立ち直ってくる。生命の量も質も改善する。あたかも奇跡のように。否、これは奇跡ではない。普遍的な科学なのだ。

後年、私は西風脩先生と出会い、尿17-KS-Sについて学んだ。その前駆物質であるDHEA-Sというホルモンは生体のホメオスタシス全体を司る物質である。言わば「生命力」とでも言える物質である。実存分析が奏効すると、この17-KS-Sが高まる。まさに、実存分析は生命力を向上させる方法であったのだ。

数年前、私は下肢の筋膜炎を患った。その時、たまたま使われたステロイドホルモン剤の副作用により、ステロイド・ミオパチーを経験してしまった。四肢のマヒが出てしまった。それは、再び大きな挫折であった。これという治療方法がないのである。絶望的な状態の中で、奥様のエリーさんからお手紙をいただいた。

そこにはフランクル博士の生前の言葉が書かれていた。

「人間だれにもアウシュビッツはある。しかし、あなたが人生に失望しても、人生はあなたに失望していない。すなわち、あなたを待っている誰かや何かがある限り、あなたは生き延びることができるし、自己実現できる」。

この言葉が私に生きる力を授けてくれ、その後、リハビリテーションに邁進できたのだった。おかげで、私は退院でき、大学に復帰できた。今日、マヒは消え、自由に歩けるようになり、以前にも増して活動できるようになった。それはすべて、この言葉のおかげと思っている。

私はフランクル博士に二度助けられた。

実存カウンセリングは机上の学問ではない。体験と実践の中から生まれ出たものである。これは人間理解の本質的な方法である。心理学やカウンセリングを学ぶものにとり、必須と言えよう。

本書が少々でも読者の役に立つならば、こんなうれしいことはない。さらに学問として、臨床として、実存カウンセリングを進展させる後進が登場することを期待している。

我々は一九九三年にフランクル博士をわが国に招聘して日本実存心身療法研究会を組織した。問い合わせは左記に。

(〒四三一―三一九二浜松市半田山一―二〇―一　浜松医科大学保健管理センター気付日本実存心身療法研究会)

本書は、橋口英俊先生（聖心女子大学）の推薦により出版されることとなった。また、ライフレビューインタビューは山崎美佐子先生（亀田医療技術専門学校）の業績が大きい。起立性低血圧は本多和夫先生（鳥取大学）より多くを学ばせていただいた。全人的医療の概念は池見酉次郎先生（九州大学）、ステーシー・デイ先生（ＷＨＯ・ニューヨーク大学）より学び、バリント方式については、ルーバン・プロッツァ先生（ハイデルベルグ大学）より学ばせていただいた。東洋医学については、大塚恭男先生（北里研究所東洋医学研究所）、寺沢捷年先生（富山医科薬科大学）にお世話になった。その他、森下克也先生、岡野寛先生、長谷川拓也先生など多くの同僚の先生方、患者さんたちから学ばせていただいた。ここに深謝したい。

なお、出版元の駿河台出版にはご面倒をかけた。校正や資料の整理で手を煩わせた秘書の大槻千佳さんに感謝する。

二〇〇一年晩秋

著者

# もくじ

# 第一章

# 実存カウンセリングとは（概論）

## 一・実存分析とは：その歴史と展開

実存分析は、フランクル（Frankl, V. E.：一九〇五～一九九七）により提唱された精神療法（psychotherapy）であり、「ロゴセラピー」（logotherapy; existential analysis）の別名である。実存カウンセリングは実存分析をカウンセリングに応用したものである。

フランクルは、フロイトや、アドラーなど、ウイーンの先駆者達の業績を継承、発展させ、彼の学派は、精神医学第三ウイーン学派と呼ばれた。しかし、その内容は、オーソドックスな精神分析学とは、かなり異なっている。すなわち、実存分析の人間観は、従来の精神療法のそれとは、だいぶ相違点がある。

すでによく知られているように、精神療法は、その時代の必然性に従い、それに応じた展開を見せている。そうした精神療法の歴史からみると、実存分析は、二〇世紀の後半の時代性に見合った比較的新しい療法に属する。

フロイト（Freud, S.）は、精神療法を、初めて科学的な立場の医学的治療手段としたが、彼の時代は、性的抑圧の時代であり、人間のこころの原形を「快楽への意志」

によって説明しようとした。したがって、人間を、本能の衝動によって駆り立てられる存在と見なしている。

アドラー（Adler, A.）は、フロイドの弟子であるが、その個人心理学では、人間のこころの原形を「権力への意志」によって説明しようとした。したがって、アドラーは、人間を何等かの力、すなわち、地位、名誉、金銭などにより支配される存在と見た。

一方、一九四〇年代になって盛んになった行動科学は、人間の行動を、自然科学や社会科学の対象とした。行動科学では、パブロフ（Pavlov, I.P.）、ワトソン（Watson, J.B.）、スキンナー（Skinner, B. f.）などの「学習理論」がそのベースとなり、ウォルピ（Wolpe, J.）や、アイゼンク（Eysenck, H. J.）等は、その臨床での実践を行った。ここでは、たとえば、神経症も学習された状態であり、そこから患者を解き放し、新しく再学習せしめる必要があるとする。ここでは、人間を、社会環境に完全に支配される存在と見ている。

心理学の大きな流れとそのなかにおける実存分析の位置を図1に示した。実存分析は人間学的心理学とトランスパーソナル心理学の狭間に位置する。すなわち、人間は「意味への意志」への存在であるとし、人間のもつ可能性を追い求め、ついには「自己超越」にまで至れる存在とした。人間学的心理学の要点を表1にまとめた。

さて、人間学的心理学以前の各学派の心理学では、人間のこころを、人間以外の動物のそれと明確に区別していなかった。動物にも、人間にも共通した「動物性・衝動性」のみが強調されているといえよう。

フランクルは、アドラーの弟子であるが、彼の主張する実存分析でも、

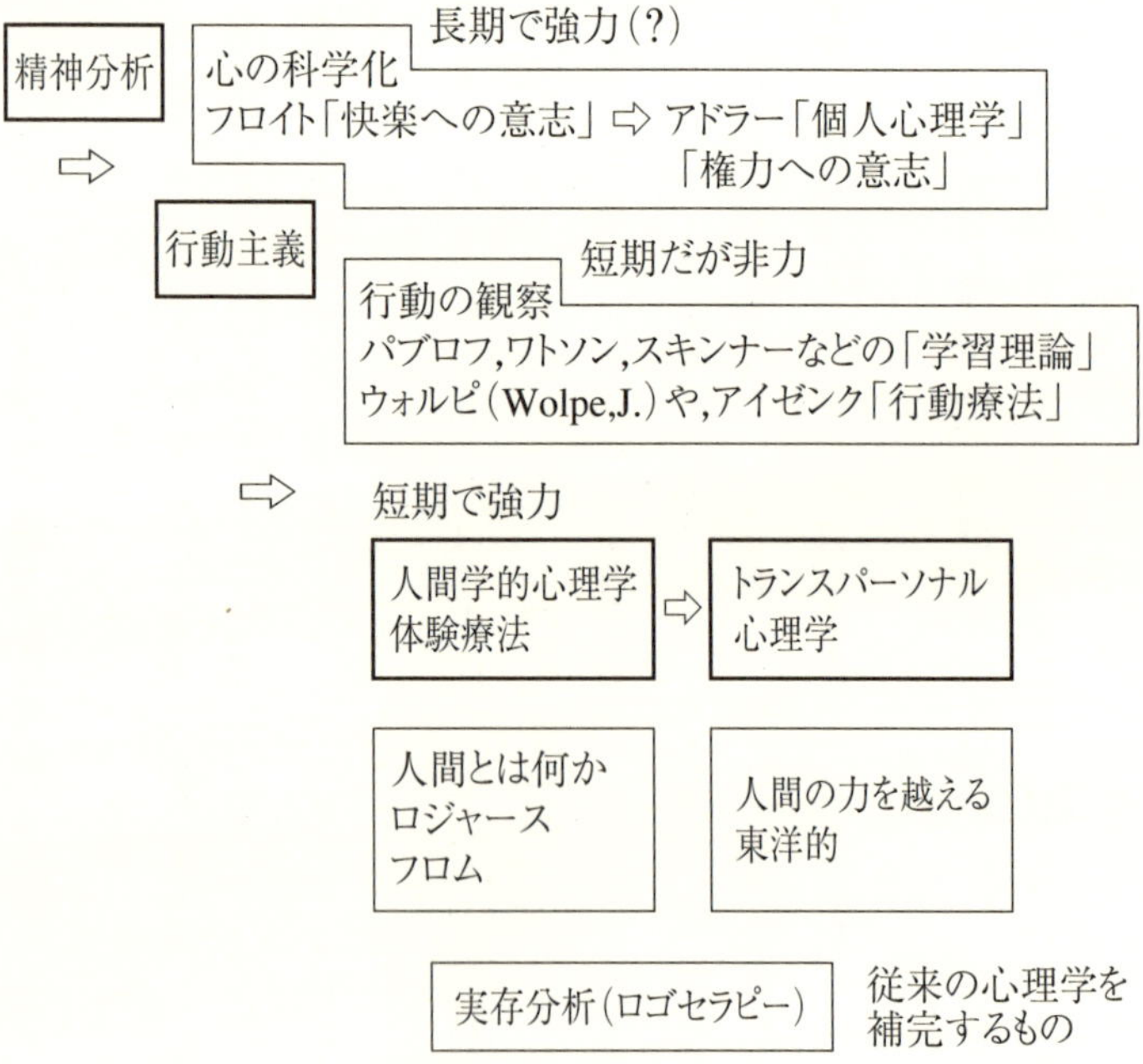


**図1　心理学の流れ**

こうした人間のこころの中の「動物性・衝動性」を決して否定するものではなく、そうした動物性に加えて、人間には人間特有の「精神」があると主張する。この「精神」とは、いわゆる「心理」とはニュアンスが異なり、人間以外の動物には存在しえないより高次元のものであるとする（図2）。

すなわち、人間の「こころ」とは「心理」と「精神」より成り立ち、「心理」とは動物と共通の衝動性、本能を指し、「腹が減ったから飯を食いたい」、「きれいな服を着たい」、「おいしいものを食べたい」、「かわいい女の子とつき合いたい」といった生物共有の衝動性である。

一方、「精神」は人間特有の精神機能を指し、人間らしさ、人間のもつ「神性」を

1）人は単なる部分の和ではない。全体は部分の和以上のものである。

2）人は自分の意志を持ち、自らの責任において決断する。人は単に刺激され、ただ単に反応するだけの動物ではない。

3）人は自分の感情に気づき、感情と深く結ばれている身体への気づきを深めねばならぬ。

4）人は時間内存在であり、関係内存在である。

5）人は生きることの意味を追求する。

**表1　人間学的心理学（humanistic psychology）とは**

意味する。「腹は減っているけど、みっともないことはしたくない」、「絶えず学びたい」、「死ぬまで成長したい」、「子供の前ではしっかりしていなくては」といった人間らしさである。

すなわち、フランクルの主張は、人間は、動物と人間共通の心理（動物性・衝動性）より、もっと高い次元の「精神」機能を発現させることにより、自らの自由意志に基づいた責任のある決断を行い、人生の意味や、価値を追求しうる存在、すなわち、「意味への意志」を発動することのできる存在と見るのである。すなわち、人間は前向きに生きて行こうとする意志を持ち、そうした態度を取れる存在であるとする。そして、そこにこそ人間の価値があるとする。それを「態度価値」と呼ぶ。

フランクルはつとに一五歳でフロイトに認めら

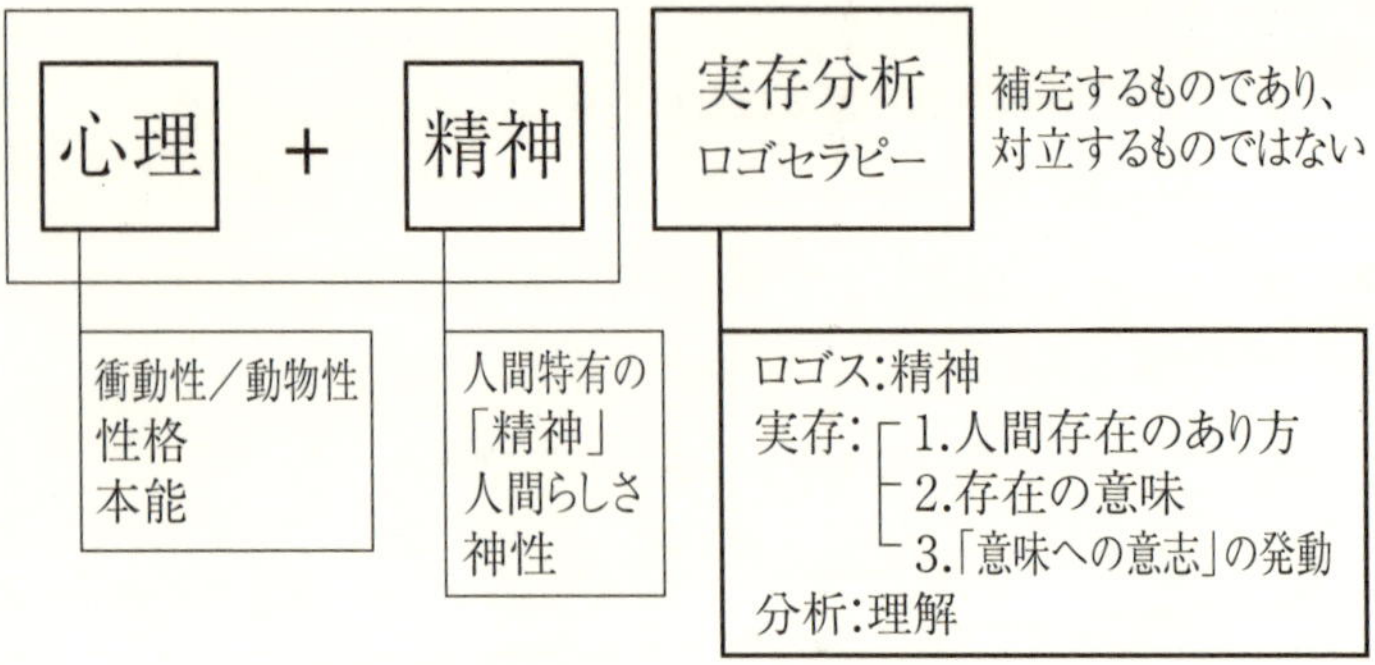


**図2　人間の「こころ」とは（実存分析の立場から）**

れた天才である。しかし、第二次世界大戦のさなか、ユダヤ人であったがゆえに、アウシュビッツの強制収容所に連行され、捕虜としての生活を余儀なくされた。しかし、あすガス室に送られるかもしれないという恐怖の煉獄で、強制労働を強いられながらも、彼は自ら生き延び、そこでの体験を科学にまで昇華させたのである。

したがって、彼の学説は机上にて出来上がったものではなく、煉獄をくぐり抜ける体験を経て完成されたものである。

我々臨床家にとって、その学問の持つ意味は大きく、それはさまざまな分野、すなわち医療・心理学のみならず哲学・政治・経営・社会学・文学など幅広い分野に応用が利き、実践可能である。

彼の著書『意味の探求――精神医学者の収容所体験』（日本名『夜と霧』）は、周知のように国際的な大ベストセラーとなり、今日でも米国国会図書館のベストセラー・トップ一〇の中に位置づけられている。彼はノーベル平和賞に何度もノミネートされ、また一九九六年に開催された第一回国際医療オリンピック（ギリシャ）では最高の栄誉である「ヒポクラテス賞」を受賞した。その影響は世界各国におよび、著名人ではロシアのゴルバチョフ大統領や米国のゴア前副大統領などにも影響を与えている。わが国の政治家、経営者、作家などにもその影響を受けた人は多い。

実存カウンセリングを学ぶに際して注意すべきは（よく誤解されるところであるが）、フランクルの考え方は決して人間のもつ動物性や衝動性を否定するものではないということである。我々人間には動物と共通の「心理性」と人間にしかない「精神性」の両者が混在しており、その精神性を刺激して目覚めさすのが実存分析である。

意味は、自ら決断することによってのみ、満足されるものである。治療者である医師やセラピストは患者の精神性を刺激して目覚めさすのがその役割である。

さらに、実存分析で重要なのは、原因を追求するwhy（なぜ？）より、現状をいかに乗り切るかというhow（いかに？）にあるという点である。

この考え方は、「あるがまま」（as it is）を大切にする東洋的な哲学と通じるものがある。

本章では、実存分析学を用いたカウンセリングの理論について、わかりやすく述べてみよう。

## 二、実存分析の理論

実存分析（ロゴセラピー）は、人間のロゴスに訴える精神療法である。

ここにおける「ロゴス」とは、「実存」を意味し、以下の三種類の意味合いに使用されている。

Ⓐ　人間存在のあり方
Ⓑ　存在の意味
Ⓒ　「意味への意志」の実践

ときに、ロゴスを「言葉」ととらえ、実存分析を高度のムンテラ（治療者の言葉による説得療法）による治療と考える向きが一部にあるが、これはとんでもない誤訳であり、誤解であるので注意したい。

また、「分析」とは、フロイトの精神分析でいう「分析」でもなく、また、「解析」、「分解」という意味でもない。ここでの「分析」の正しく意味するところは、カントの唱える「人間存在に本来備わっている具体的な意味」に焦点を当てて照らしだし、人間を「理解」しようとする意味合いである。実存分析は人間の実存に関わる治療法であり、人間の特異性（人間らしさ）を支持する心理療法である。

ここで、注意すべき点は（よく誤解されやすい点でもあるが）、実存分析は従来の心理療法に対立するものではなく、その重要な補遺的な（補完的な）立場にあるということである。また、それは、治療者の価値観や人生観を押しつけたり、強要するものでは決してないことを忘れてはいけない。

実存分析の本質は、人間の精神における、人間固有の自由性、しかも責任を伴う自由性を行使させ、治療に応用しようというところにある。患者固有の内なる精神の自由性と責任性に自ら目覚めさせ、運命や、宿命に抵抗する自由もあることに気づかせ、そこから、その患者独自の人生の意味を見出させようとするものである。その結果、患者が、「実存的転換」（existential shift; Boothによる[1]、人格的態度の変容）」に到達することもある。

フランクルは、自らも捕虜として体験したアウシュビッツ収容所の極限状況のなかで、たとえ、いかなる極限状況に置かれても、人間には、精神の自由性、態度決定の自由があることを認識した[2]。

さらに、そうした精神の自由性に訴えて、人間が、生来有している精神の抵抗性に働きかけ、人間の実存性に根本的な展開を図らしめえることの可能性に気づいた。このようなフランクルの体験は、明日、わが身がガス室に送られるかもしれないという、まさに限界状況における体験であり、そこから誕生した実存分析は、決して、抽象的、思弁的なものではありえず、実践的、臨床的なものである。

今日、人間の置かれた状況は、文明の進展のおかげで豊かさを享受しているものの、人生を生きて行くプロセスでは、まだまださまざまな限界状況に遭遇する。現代の物質文明がかえって作り上げてしまったとすら言えるような限界状況も少なくない。テクノストレスに象徴されるようなストレス問題は、まさにそれをよく物語っている。

また、多くの神経難病、進行癌、膠原病など予後の良くない疾患を有した患者や、脊髄損傷、人工透析などハンディキャップを負った患者の置かれた状況は、まさにある種の限界状況と言える。

一方、神経症の患者においては、その幼時期の不幸な体験、たとえば、心理的外傷体験（トラウマ）などが、たしかに、重要な意味を持つ。また、現在の心理的葛藤、家庭内のさまざまな環境的問題などの要因も大きく関係して発症している。当然のことながら、こうした問題について、十分な洞察を図ることは必須である。しかし、こうした原因・誘因の背後に、より実存的な問題（意味喪失）が潜んでいることも少なくない。すなわち、人間は、何のために生きるのか（また、生きてきたのか）、その生きる（また、生きてきた）意味は何か、自分の価値は、どこにあるのか（また、あったのか）といった問題が潜んでいる事が多い。

実存分析では、自分自身の独自性や、自分だけに与えられた人生の意味・価値を見いださせ、気づかせるようにする。かつ、こうしたアプローチが、根本的な治療になるとする。特に、神経症の一タイプである、精神因性神経症（noogene Neurose）では、実存分析がもっともよい適応となる。この種の神経症では、意味への意志の挫折が、この神経症の根幹を成しているからである。

## 三、実存分析の技法

実存分析の技法には、主に二つある。

逆説志向（paradoxe Intention、paradoxical intention）と反省除去（Dereflection、dereflection）である。

①逆説志向とは、ある症状が現れるのではないかという「期待不安」に対して、その不安から逃避しようとするのではなく、むしろ、逆に積極的にその不安を起こさせようとするものである。

ある症状のために、恐怖感（「不安」は対象が漠然としているが、「恐怖」は、対象が明瞭である）が出現し、その恐怖により、さらに症状が増悪する。これは悪循環である。この悪循環を断ち切るために、患者のこころの態度を変容させるのである。

一般的に、人間はこうした恐怖を避けようとするものだが、逆説志向では、その恐怖にとらわれていることから逃避しようとはせずに、むしろ、積極的にその恐怖を起こる方向へと態度を変容させるのである。症状の改善は、患者の症状に対する態度が変容したときに起こってくる。

この方法は、ブラック・ユーモアや古典落語によく現れている。

〝にもかかわらず笑う〟というブラックユーモアや古典落語は、運命に翻弄されながらも、したたかに生きて行く人間（庶民）の姿を表している。

また、糖尿病のような慢性疾患のケアの際に良く使われる〝一病息災〟（糖尿病のような病気が一つくらいあったほうが、かえって健康を積極的に創れ、長寿ができる）という考え方は、逆説志向そのものの考え方であろう。

②反省除去とは、症状に強迫的にとらわれている患者に対して、その関心を自己の症状そのものから、その患者の人生に十分な意味と価値を与えてくれるような事物に積極的に向けることで、とらわれから開放させる方法である。これは、自分を活かす

ものに関心を向けることで、とらわれている自分自身との間に「間（ま）」を取る方法である。これは、積極的な「間」の活用であり、東洋的ですらある。

例えば、入院患者に毎日の生活を記録させ、日々の気づきを促す「今日のできごと」を記載させることや、人生を振り返り、その価値の再確認を行う「ライフ・レビュー・インタビュー」（life review interview; Butler, R）[(2)]は、反省除去の具体的な方法である。また、音楽療法や絵画療法、さらに俳句療法、短歌療法などの芸術療法もその導入の仕方によっては、このジャンルに属すだろう。

以上の技法に共通しているのは、患者が、自己の苦悩をまず自ら受容し、同時にそこに意味を見出せるようにする視点であり、そうした態度の形成を目的にしているところである。それは、患者自身による「意味への意志」の発動である。

## 四．実存分析の適用と選択

すでに述べたように、実存分析の適用される疾患は、精神因性神経症を初め幅広い。しかも、本療法は他の心理療法を補完する立場にもある。よって、応用範囲は広い。

その代表的適応疾患は、すでに述べたように実存神経症（精神因性神経症）、不安神経症である。しかし、実存分析の大きな目的が、「意味への意志」であり、自らの人生に意味を発見すること（治療者が発見させることではなく、患者が自ら発見すること）であるならば、実存分析の適応範囲は、なにも神経症に限らないことに気づく。現代社会には多くの病があり、その発症や経過、治療に関して、多くが身体的・心理的・社会的・実存的（精神次元）問題を有している。たとえば、よくある病気（common disease）である糖尿病や、肥満、高血圧にしてもそうである。こうしたさまざまな生活習慣病（ライフスタイル病）や心身症（広義の心身症）の治療に実存分析は応用可能である。また、癌の末期や、人工透析など限界状況の医療においては、そのケアに際し、実存分析的なアプローチ以外には、問題解決の方法は考えられない。

永田は、こうした実存的視点を無視しては問題解決に至れないような心身症を「実存心身症」（noogenic psychosomatic disorder）と称することを提案している。

現代病の特徴として、池見は「失意味症」を指摘するが、それからの解放はまさに実存分析によって治癒に導かれるであろうし、その到達点は患者側の病気に対する態度の変容、すなわち、闘病的態度（fight against disease）から、従病的態度（従病、しょうびょう：live with disease：高島博による命名）(3)であろう。

こうした患者の態度の変容により、その予後が望ましい方向へ大きく変わってしまうことをわれわれも日常臨床の中でよく経験している。その究極の態度として、従病があるが、これは病に従うのでも、病から逃避するのでも、病と闘うのでもなく、人間にしかできないストレス・コーピング（stress coping）[4][5]の方法として、むしろ、病を従えてしまうしたたかさを意味する。

## 五、例：糖尿病と実存カウンセリング

ここで、ありふれた疾患の代表として、具体的に糖尿病のコントロールに対しての実存分析的アプローチを述べてみよう。

糖尿病の治療に、食事療法は必須であるが、実際の臨床で、これほど実施困難な治療法はない。思春期の食べ盛りを、戦争により抑圧され、飢えと共に暮らした老人は多い。今日、豊かな時代を迎えたものの、老齢化し、食べることしか楽しみのなくなった老人に、食事療法を奨めるには、一体どうしたらよいのだろう。行動科学的な方法（モデリングなど）など、そのためのさまざまな方法が報告されているが、長期にわたり持続できる方法はなかなかないようである。

われわれは、このような場合、実存分析をベースに、行動療法などの他の心理療法を併用することが多い。

まず、彼らに、たとえ老人といえども、その人固有のなんらかの生きる意味が、まだ残っていることを発見させる。そうした場合の生きる意味とは日常的なささやかなものでよい。たとえば、孫の成人式までは健康でいたいとか、まだ訪れたことのないパリへ旅行してみたいとか卑近なことで十分である。大事なことは具体的であることが重要である。

続いて、その意味の遂行のためには、積極的に健康を創造すること（positive health の創造）が必要（絶対条件）であり、しかも、それは特別なことをするといったことではなく、日々の生活の中でのセルフコントロールであることを十分認識させなくてはならない。また、そのための意味とは、患者固有の生活習慣（ライフスタイル）のなかで実現可能なことでなくてはならない。こうした患者との対話は信頼関係に裏打ちされた治療者―患者関係の中で初めて可能である。

すなわち、実存分析的アプローチができるためには、次章に述べるように治療者側の態度も重要な要件である。インフォームド・コンセント（informed consent）はここまで及ばなくてはならない。

さらに、並行して、糖尿病とは、どんな病気であるのか、まず、その総論的一般論を話し、理解させ、さらに、その患者自身が、今、どういう状態にあるのかをよく知らせる。さらに、今の状態から健康を取り戻せる可能性がどのくらいあり、そのために、われわれ治療者が何をし、かつ患者自身はどのようにセルフコントロールしなくてはならないか、その可能性、および、必要性を認識させる。その上で、食事療法の位置づけを行う。

そこで大切なことは、糖尿病ではなにを食べていけないというのではなく、たとえ糖尿病でも、食べ方さえしっかり学べば、食べていけないものはなにもなく、むしろ、決められたカロリーの中で、バランスよく多くの食品を取る必要があることをよく教育することである。

さらに、一般的に、糖尿病の患者は、早飯食いが多く食事をゆっくり楽しむ習慣がない人が多いので、よく噛み、一口一口を楽しむことを教える。

ここで、行動科学的な方法（modeling, avoidance learningなど）を駆使する。

また、糖尿病食はむしろ健康食であり、それによって体重をコントロールすることは、他の生活習慣病を予防することにもなることを知らせる。したがって、糖尿病のある人生は「一病息災」であり、「無病息災」よりむしろ健康を維持できる効果のあることをよく認識させる。

それは、無病息災ではめったに病院へ行くことがないため、健康管理がおろそかになりやすいが、一病息災では、定期的に通院しているので、病気の早期発見が可能であるからである。

先に述べたように、この一病息災の考え方は、まさに、実存分析で言う「反省除去」そのものである。

食事療法の教育では、行動科学的な方法をふんだんに取り入れながら、体験的に教えてゆく。この体験的（自らの気づきを大切にしながら、経験を重ねて行く）というのが重要である。こうした方法では、患者は、毎日の食事療法の積み重ね（体験）のなかに、意味を見出し、糖尿病のある人生をむしろ楽しめるようにすらなる。

このような方法は、一見回りくどいようであるが、しかし、もっとも強力で、長続きする方法である。

さて、今後、老人は、ますます増えてゆくであろう。その老人の問題を考えるに際しても、生きる意味、生きがいの問題は大きく、根本で、人間を支える視点でもある。

バトラー（Butlar, R.）は、こうした老人に生きる意味を与える方法として、「ライフ・レビュー・インタビュー」（life review interview）[6]という方法を提示している。これも、実存分析的アプローチといえよう。

老人では、未来に希望をつなげるというのはなかなか困難である。本療法では、その老人の生きてきたプロセス（老人の過去、また、生きてきたこと自体）に十分意味があり、価値のあったことを認識させるようにするところに特徴がある。

具体的には、生きがいのなくなった老人に、他者（親しい家族、治療者）がインタビューし、その老人の人生そのもの、またその老人の生きてきたプロセスそのものが、十分意味のあったものであることを、インタビューを通じて自他共に認めてゆく方法である。他者が単に聴くだけではなく、ノートに書き込んだり、テープレコーダーで記録に取ったりしてゆくのがよい。それを随時、患者にフィードバックして行く必要もある。

老人の多くは、生きがいを失い、自分の人生が、生きるに値したものであったかどうか、懐疑心にとらわれている。特に、自らの死期を感じてきた人たちにその傾向が強い。そうした老人に、ライフ・レビュー・インタビューを行い、その老人の過ごしてきた人生の価値を高く認め、十分に生きる意味のあったことを、インタビューアーとその老人が共に認め合うことは、老人に新たなる生きる希望と、可能性を与えることとなる。

なお、この場合のインタビューアーには、家族や、親しい人がなるのが望ましい。

われわれは、ターミナル・ケアにこの方法を用い、死とその過程を尊厳に満ちたものにすることを試み、成功している（第九章ターミナルケアと実存カウンセリング参照）。

右に述べたような各種の慢性疾患（生活習慣病）、癌末期医療、思春期医療、リハビリテーション医療、慢性疼痛、不定愁訴など、現代医療では問題解決が困難な場合に、実存分析を用いて成功することが多い。

こうした疾患群においては、患者側の病気に対する態度の変容、すなわち、闘病的態度から、従病的態度への変換が発生しただけで、その予後が、望ましい方向へ、大きく変わってしまうことは、われわれもよく経験する。ある種の「実存的転換」が図られたとも考えられる例も決して少なくない。

こうした実存分析は、まさに実践的な方法である。その応用範囲は、たいへん広い。現代という人間性の疎外された時代に、実存分析の果たす役割は大きい。

## 六、実存カウンセリングの効果

実存分析の特異的効果は、それが単に心理的（精神的）効果に留まらず、心理的補法として、DHEA-S（dehydroepiandrosterone sulfate）の代謝産物である尿17-KS-Sの上昇を図りうる方法であるということである。DHEA-Sは内分泌系・免疫系・神経系全体に包括的に関与するホルモンである。我々はこれを「生命力の評価できるホルモン」と位置づけている（表2）。

西風脩らによる方法[7][8][9]で17-KS-Sを測定し、評価すると、実存カウ

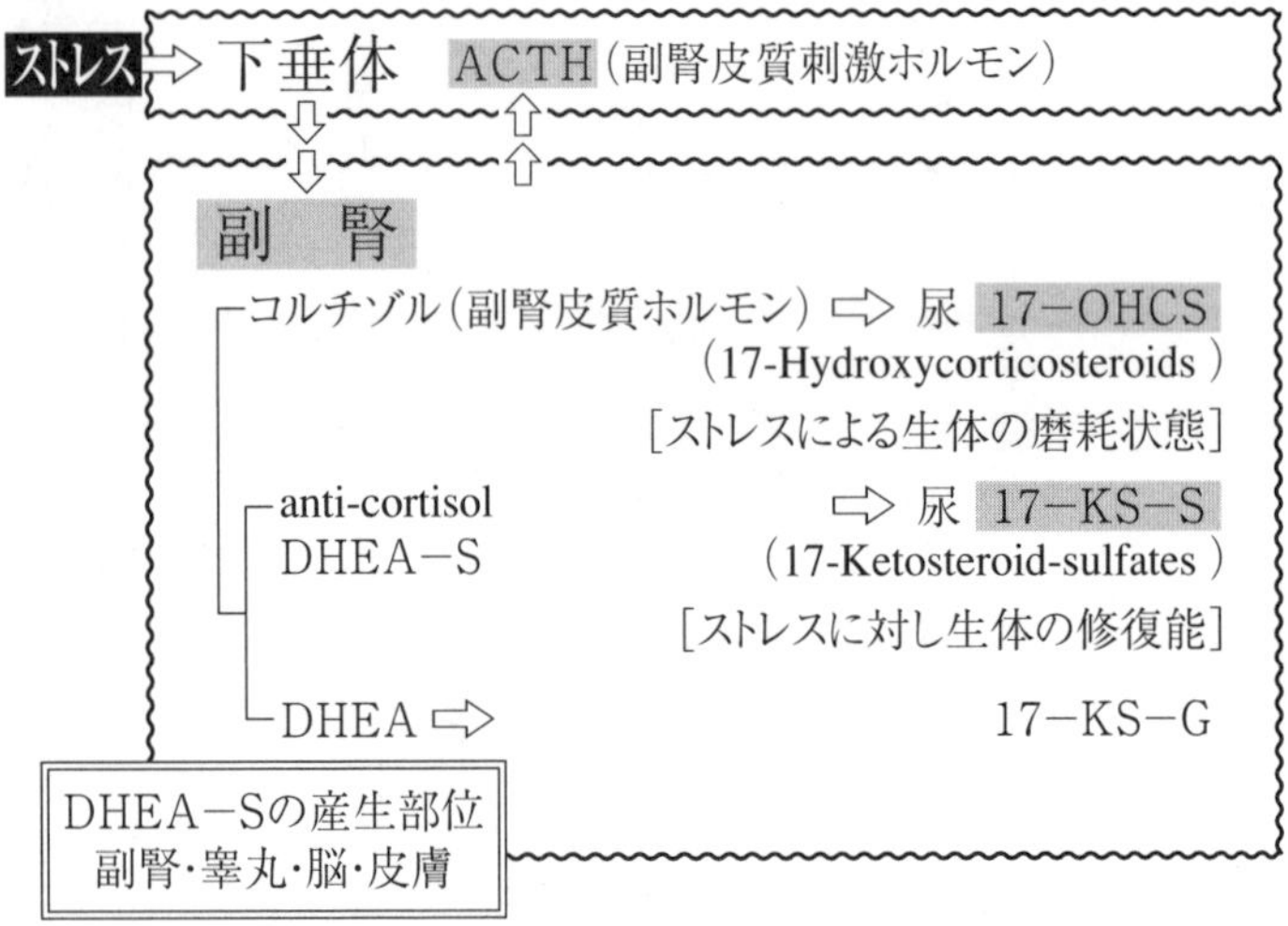


図3　ストレスとS，OH

DHEA-S（dehydroepiandrosterone sulfate）
☞　包括的生命力の向上を表現する
DHEA-Sの代謝産物＝尿17-KS-S（17-ketosteroid-sulfate）

1）性ホルモンの産生　☞　性成熟、精力増強
2）妊娠末期の子宮頸管の熟化
3）抗コルチゾール
4）抗ストレス作用
5）老化防止／老人のＱＯＬの向上
6）皮膚の正常化
7）免疫能の亢進／抗炎症作用
☞抗肝炎作用（抗アポトシス）／抗自己免疫
8）抗腫瘍
9）蛋白同化（筋肉・骨など）／抗骨粗鬆症
10）抗動脈硬化（体脂肪の減少☞肥満抑制）
11）体力・活力の増進
12）安眠／気分の高揚
13）神経細胞の機能維持／記憶増強／抗アルツハイマー病
14）末梢組織のインスリン感受性増強（抗糖尿病）

DHEA-Sは副腎・睾丸・脳・皮膚で産生
17-KS-Sは実存カウンセリングで上昇

**表2　DHEA-S・17-KS-Sとは**

ンセリングが奏効した例では、17-KS-Sの上昇が見られている。17-KS-Sの上昇は「生命力の向上」を意味する。

DHEA-Sが副腎、睾丸で作られることはよく知られているが、近年になって、脳や皮膚でも作られることがわかってきた。実存分析は生きる意味を模索するところから始まる。それは人間の脳の機能である。実存分析による17-KS-Sの上昇は脳由来のDHEA-Sの増加であろう。

17-KS-Sはそもそもストレスによる「磨耗」に対する「修復能」を表し、17-OHCSはストレスによる生体の「磨耗」の程度を示している（ともに標準値は一〇〇）（図3）。

実存カウンセリングの施行で17-KS-Sが上昇することは、心理療法が身体療法にもなり、生命力を向上させ、向ホメオスタシス効果を発揮できる方法であることを意味する。

## 七. おわりに

実存分析療法は単なる心理療法ではなく、身体的にも生命力を昂進させうる包括的な「補法」である。我々は全人的医療学の核は実存分析学であると位置づけている[7][9]。これは伝統的東洋医学的な補法とともにDHEA-Sを向上させ、生命力を昂進させる方法である。

　医療職が医療の効果をいっそう高めるには、日常臨床の中に、カウンセリング[10]の手法を導入する必要がある。カウンセリングマインドをもち、カウンセリングから医療面接（medical interview）へと進展させねばならない（図4）。

　ここで、「右手に医術を、左手にカウンセリングを」と訴え

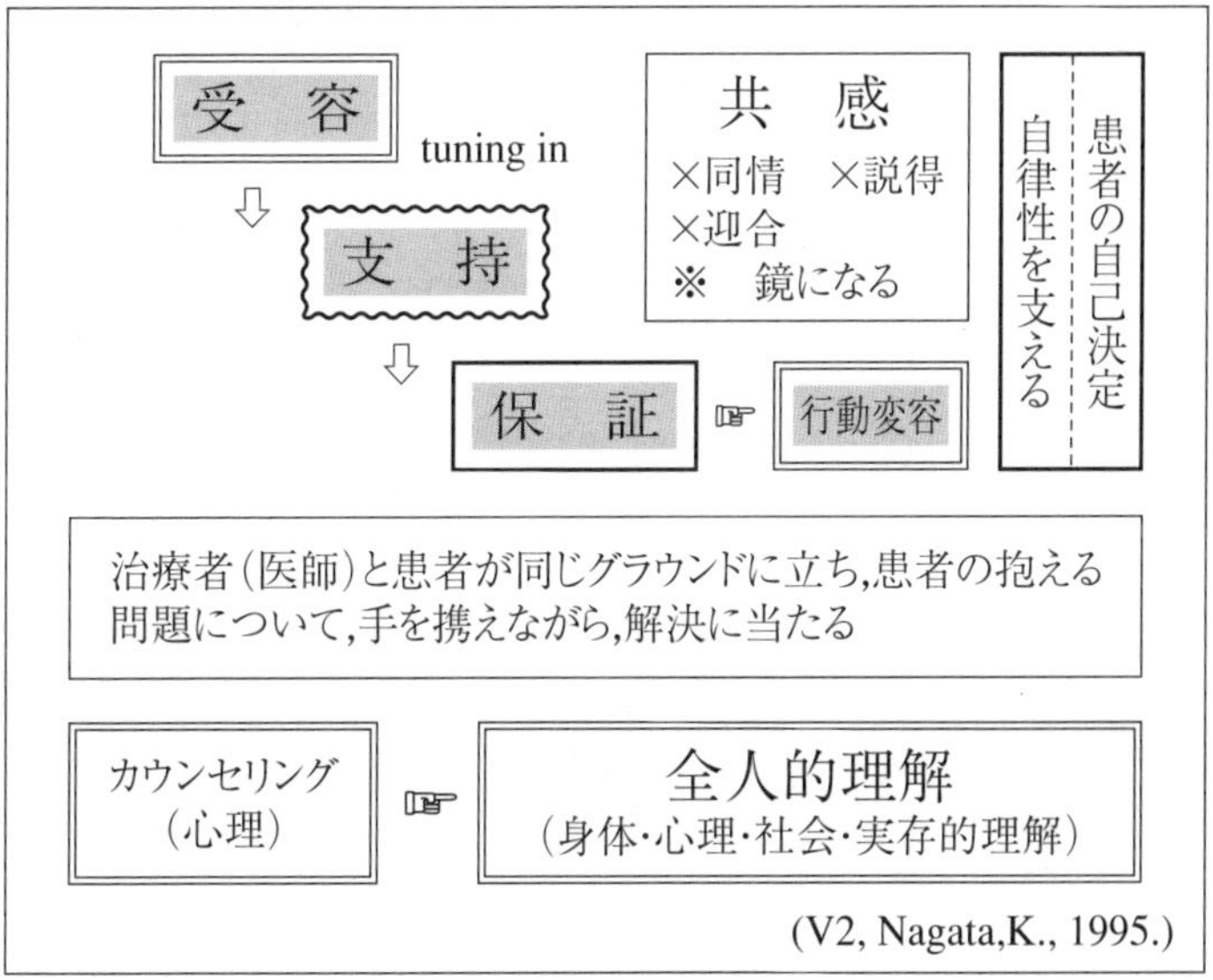


**図4　カウンセリングから医療面接へ**

たい。そのカウンセリングも患者の心の襞の中に入り、チューニング・インするには実存カウンセリングがもっとも効果的であると信じる。くり返すが、実存分析はDHEA-Sを高める、すなわち、患者個々の生命力を昂進させる方法であるからである。

（日本実存心身療法研究会：照会先　〠四三一—三一九二浜松市半田山一—二〇—一　浜松医科大学保健管理センター気付）

**参考文献**

(1) Booth,G.: Psychological aspects of 'spontaneous' regression of cancer, Am J Psychoanali,1:303-317, 1973.

(2) Frankl,V.E. ：The Will to the Meaning-Foundations and Applications of Logotherapy, a Meridian Book, New American Library, NAL Penguin INC., 1988, New York, USA.

(3) 山崎美佐子ほか：「ライフ・レビュー・インタビュー」、永田勝太郎編集：『ロゴセラピーの臨床』、p．六四—六九、医歯薬出版、東京、一九九一．

(4) 永田勝太郎：『新しい医療とは何か』（ＮＨＫブックス：八一七）、ｐｐ．二一九、日本放送出版協会、東京，1997

(5) Nagata,K.: Comprehensive medicine -biopsychosocial medicine, Oriental and Occidental overview, International Foundation of Biosocial Development and Human Health (New York), pp.203, 1999.

(6) 山崎美佐子、永田勝太郎、釜野安昭、釜野聖子、岡本章寛：「ライフ・レビュー・インタビュー

の実際」、全人的医療二（1）：二三一―二八、一九九七。

(7) 西風脩：「適応の歪み―摩耗と修復― 17KS硫酸の意味するもの―」、J.UOEH, 15(3)：183-208, 1993.

(8) Nishikaze, O. and Iwata, J.: Direct determination of sulfate conjugates of 17-oxosteroides in urine by liquid chromatography, Clin. Chem., 32:835-839, 1986.

(9) Nishikaze, O.:The XII UOEA International Symposium 'Stress Proteins', whole body responses to stress - Adrenocortical adaptation to stress in human, J.UOEH., 15:264-268, 1993.

(10) 永田勝太郎編：『カウンセリング心理学』、佐久書房、in printing.

# 第二章

# 全人的医療と実存分析

## 一・実存的視点は全人的医療(1)(2)(3)(4)(5)の核

我々は実存的視点こそが、全人的な患者理解の核（core）であると考えている。

ここで言う実存的視点とは、すでに述べたように人間の精神における人間固有の自由性、しかも責任を伴う自由を行使させ、それを治療に応用しようというものである。患者が生来持っている内なる精神の自由性と責任性に自ら目覚めさせ、運命や宿命に抵抗する自由もあることに気づかせ、そこから、その患者独自の人生の意味を見出させようとするものである。

それは、患者が自己の苦悩をまず自ら受容し、同時にそこに意味を見出せるようにする点に大きなポイントがあり、そうした態度の形成を目的にしている。それは患者自身による「意味への意志」の発動であると言えよう。こうした視点は、患者側のみならず、我々治療者にとっても、医療を実践する際の基本的視点（態度・哲学）になりうる。

日常診療にこうした視点を取り入れることで、治療者の患者への受容は一層深まり、それは患者の自律、成長を一層促すことになり、その結果、患者はときに「実存的転換」に至ることすらある。

たとえば、癌を乗り越え、癌そのものが自然退縮してしまい、むしろその後、豊かな人生を切り開き、病を楽しんでしまうようなしたたかさを呈す患者が少なからずいることに私どもも気づくようになった。それは実存的自己洞察による「内なる治癒力」（healer within）（生体本来のホメオスターシスに向かう機能）の発動とも言えよう。

## 二．全人的医療の三ステップ(4)(5)

我々の唱える「全人的医療」（comprehensive medicine based on whole person medicine）では、医療の視点を患者の臓器のみに置くのではなく、患者をいついかなる場合においても、「病を持った人間」としてとらえ、身体的・心理的・社会的・実存的な視点から、包括的に（全人的に）理解し、その過程の中から、患者固有の問題解決を図ろうとするものである。

その備えるべき要件を表1に示した。また、その実践のためのモデルを表2に示した。

さらに、われわれはその完遂のために必要に応じて次の三つのステップを実践することにしている。

第一ステップ：疾病との対決、苦痛からの解放：キュア・レベルの医療であり、速やかなる診断、治療が必要とされる。

第二ステップ：患者の全人的理解：ケア・レベルの医療であり、いかにしてその患者固有の病態が成立したのか、身体・心理・社会・実存的医療モデルに則り、医師、患者双方が問題を全人的に理解する。このステップが可能かどうかは、良好な治療者―患者関係が成立しているかどうかにかかっている。

第三ステップ：疾病の予防、積極的な健康（ポジティブヘルス）の創造：セルフ・コントロール・レベルの医療であり、第二

| |
|---|
| 1）患者個々の個別性を尊重する（普遍性の上に個別性を尊重し、キュアとケアのバランスが行き届く）。 |
| 2）医療における量と質の保証を行う。 |
| 3）患者個々の状況に応じたクオリティ・オブ・ライフ（quality of life：ＱＯＬ：生命の質）の向上を図る。 |
| 4）効率のよい医療（治療効果、経済的効果の両側面から）を求める。 |
| 5）教育可能でなくてはならない。 |
| 6）評価できなくてはならない。 |

**表１　全人的医療の必要条件**

1．全人的な患者理解

1）身体・心理・社会・実存的医療モデル（intra-personal communication）

身体：機能的病態（病理学的に未完成の病態；半健康・半病人 ill-health）

器質的病態（病理学的に完成された病態）

致死的病態（cure の望めない病態）

心理：性格、心理的反応、ライフスタイル（life style）、行動、ストレス・コーピング（stress coping）

社会：社会的役割、環境との関わり

実存：生きる意味（意味・責任・自由）への気づき

2）医師（治療者）－患者関係（inter-personal communication）

インフォームド・コンセント（informed consent）

転移・逆転移といった治療関係も分析

2．西洋と東洋の相互主体的・相互補完的関係

近代的西洋医学・伝統的東洋医学

☞　かけ橋（interface）としての心身医学（その核は実存的視点）

3．キュア（cure）とケア（care）のバランス

4．瀉法と補法のバランス

5．病理モデル・健康モデル・成長モデルの相互主体的導入

（V7, Nagata, K., 1997）

**表2　全人的医療実践のための基本モデル**

ステップで得られた情報をベースに、その患者固有の健康づくりの方法を模索する。

こうした全人的医療の実践に際しては、近代的な現代医学を基盤にしながらも、伝統的東洋医学や、その両者をつなぐ心身医学を相互主体的に鼎立させて行かねばならない場合が多い。

## 三、全人的医療の第一ステップと実存分析

さてここで、実存的アプローチの全人的医療への貢献を考えてみよう。

まず、第一ステップ（疾病との対決、苦痛からの解放）は、バラエティに富む患者をあるがままに「受容」することから始まる。外来を訪れる患者には、死期の近い人、難病の人、また慢性疼痛、不定愁訴までさまざまである。

我々治療者の共感の能力は主に自己の体験のなかで育まれる。しかし、死を経験した人はいない。他者の死や死の恐怖に共感することは、治療者としてもっとも困難なことである。ターミナル・ケアが難しいと言われるゆえんはそこにある。しかし、死の恐怖を携えて、外来を訪れる患者は決して少なくない。

また、現代医学の粋をもってしても、治療困難な疾患は関節リウマチなど膠原病をはじめ決して少なくない。治療は、我々治療者がこうした患者たちのさまざまな訴えに対し、それをそのまま受け入れるところから始まる。初診の成否は、そこで決まるといっても過言ではない。

しかし、すでに述べたように実際に外来を訪れる患者のバラエティ（多様性、個別性）は、時に我々治療者の共感の能力をはるかに越えることがあり、また、患者の抱える問題が今日の医療水準を越える場合も決して希ではない。

そうした場合、治療者はいかなる方法をもって診断を行い、いかに治療（キュアがままならず、辛うじてケアだけしかできない場合が多いが）をすすめてゆくか、治療者としての責任と自由性において、意思決定をすることとなる。職業としての医師（治療者）のもっとも重要な場面である。

この場合、治療者に自らの実践する医学・医療に基本的考え方（哲学、思想、人間観、世界観、医療観）がなければ、そうした場合の意思決定は、治療者に、たいへんな苦痛をもたらすだけであると言っても過言ではない。治療者は苦境に立たされ、とまどい、混乱にすら陥る。それは治療者自身の限界状況であり、また、治療者としての敗北感を味わうことにもなるからである。

時に、患者が医師から「良くならないはずがない、良くならないのは、あなたが悪い」と言われたと言ってくるのは、こうした場合のとまどった医師側の反応（態度）であろう。

臨床の現場では、とまどいや混乱は決して希なことではない。むしろ、こうした体験を通じ治療者としての成長が図れたり、それを乗り越えるとき、新しい臨床の発見がなされたりする。こうしたポジティブな反応が成されるのは、自らの実践する医学・医療について、しっかりとした哲学・医療観・方法論を持っている場合である。それさえしっかりしていれば、たとえ自らの共感の能力を越えた患者や、現代医学では解決困難な問題を持った患者に対しても必ずや問題解決（ケア）の糸口を見出すことができるものである。それは治療者としての限界状況にも対応できる事を意味する。

さて、実存分析は、プライマリ・ケア（初期医療）にも貢献する。

過呼吸症候群の発作などは、その臨床の現場に、ちょっとユーモアを導入するだけで軽快に導ける。これは〝にもかかわらず笑う〟というブラックユーモアを臨床に応用するだけのことである。

また、高校生の登校拒否の症例で、外来受診時に、生きる意味について語ることで、人生に光を見出し、翌日から登校し始めた例すらある。

　このような応用の仕方は、より多くあるものと考えられる。

## 四．全人的医療の第二ステップと実存分析

　続いての第二ステップは、患者の身体・心理・社会・実存的な全人的理解を目標にしている。人間理解をいっそう深めるために、実存的アプローチはその核であり、重要な意味を持つ。従って、実存分析のこのステップで果たす役割は大きい。

　フランクルがアウシュビッツの収容所という限界状況におかれながらも、そのなかで自らも死の覚悟をしつつ開発した方法である。従って、それは実践的で実際的で臨床的なものである。

　このアプローチは以下の特徴を持つ。

①実存分析は、より完成された人間（患者）理解の方法である。
　従来の全人的医療モデルは、身体・心理・社会医療モデルであったが、池見は、それに生命倫理学的（またpsychoecologicalな視点とも言う）視点を加え、より完全な

ものにした。これは米国で一九六〇年代後半より発生したバイオエシックス（生命倫理）の基本的考え方（哲学）である「生命への畏敬」をベースに、人間学的心理学（humanistic psychology）の成果を取り入れたものである。

人間学的心理学の要点を以下に挙げる。

Ⓐ 人は単なる部分の和ではない。全体は部分の和以上のものである。
Ⓑ 人は自分の意志を持ち、自らの責任において決断する。人は単に刺激され、ただ単に反応するだけの動物ではない。
Ⓒ 人は、自分の感情に気づき、感情と深く結ばれている身体への気づきを深めねばならぬ。
Ⓓ 人は時間内存在であり、関係内存在である。
Ⓔ 人は生きることの意味を追求する。

我々はバイオエシックスをマクロのそれ（地球市民全体を対象としたバイオエシックス）とミクロのそれ（市民個々の生命に関係したバイオエシックス）の二つに別けて考えている（図1）。池見の指摘するバイオエシックスは明らかに後者である。い

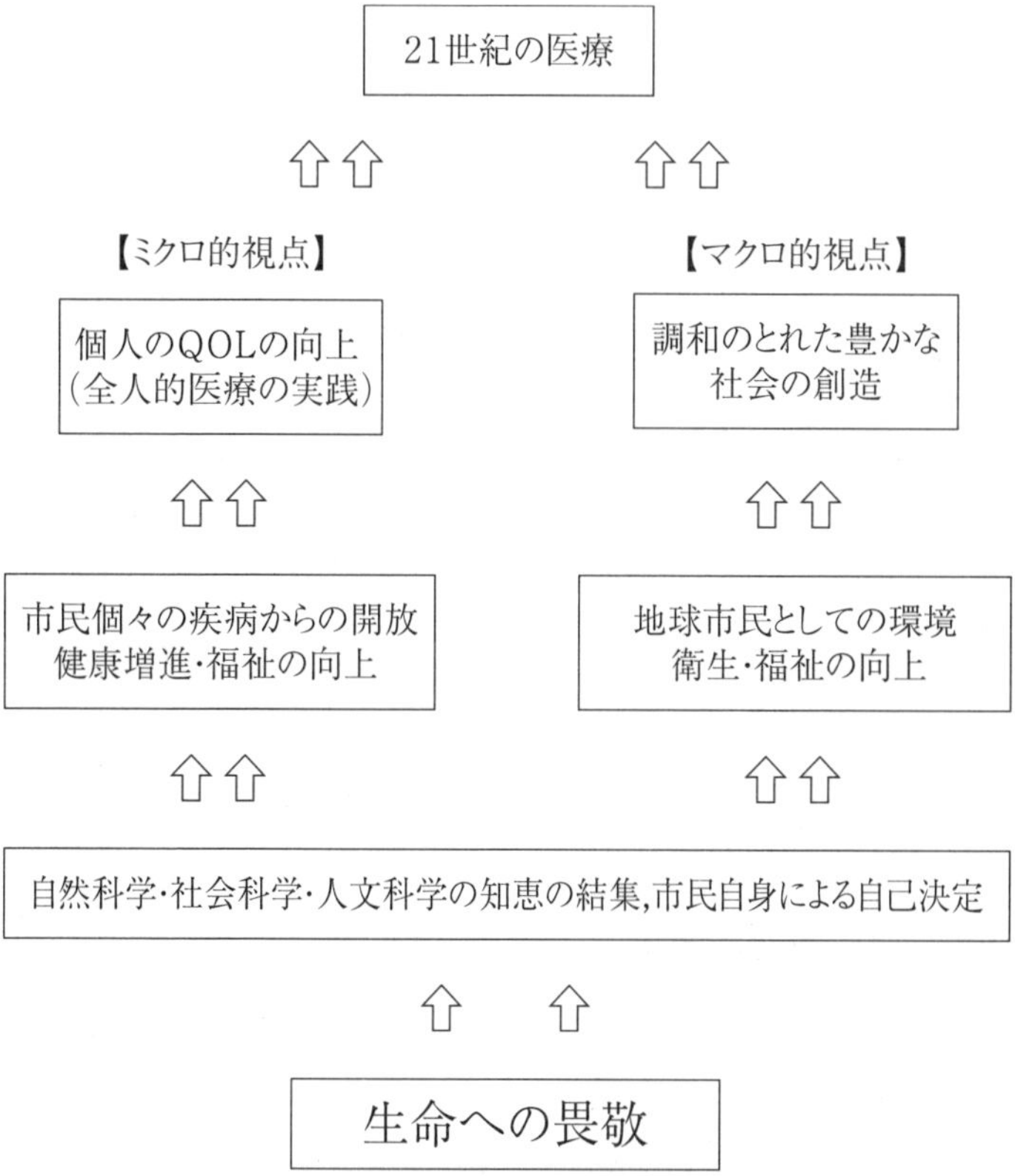


生命倫理（バイオエッシクス）は、市民個々のＱＯＬの向上を目指すミクロ的視点と、地球市民全体の調和のとれた豊かな社会の創造を目指すマクロ的視点がある。いずれも、根底に根ざすものは「生命への畏敬」である。（V1,Nagata,K.,1995）

**図１　生命倫理（マクロとミクロの視点）**

ずれのバイオエシックスも、生命への畏敬（かけがえのない生命）という視点については差がない。しかし、ミクロの意味においては、患者個々の生き様が大きく関係してきており、その生き様を本質的に規定するのは、個々の生きる意味である。それはまさに実存的視点と言えよう。

こうした実存的視点を加えることにより、全人的医療医療モデルは、身体・心理・社会・実存医療モデルとして完成したと言えよう。

実存次元とは、精神次元として、人間にのみ持ちうるこころの機能であり、心理次元とは区別している。それはすなわち、「生きる意味」、「信仰（宗教）」、「生命倫理次元」、「サイコエコロジカルな次元」などを包括し、「生きとし生ける」人間にとって本質的なものである。一方、心理次元とは、すでに述べたように動物と人間が共有するこころの機能（本能・衝動性）である。

こうした全人的な人間理解を経て、我々は人間の実存性への共感、受容に至るようになる。バリント方式の医療面接法（Balint’s medical interview）[4][6]に対しても実存分析的視点は重要である。

②実存分析は、ケアの智恵を教授してくれる。

自らの共感の能力を越えた患者や、現代医学ではとうてい治癒の見込みのない患者に対しても、我々治療者は治療（ケア）をして行かねばならない。

不可能を可能にするケアの智恵は、知識、技術をベースに治療者の態度（人間的態度、治療的自我、Watkins.J,G.）の中から沸き上がるものである。

実存的アプローチはその知恵を教授してくれる。なぜなら、実存的アプローチに習熟すると、たとえ治療者自身が困惑に陥ったり、治療者としての限界状況のなかでとまどっても、治療者としての責任と自由を持った態度を取れるようになるからである。それは、実存的方法を身につけることで、治療者としての成長が図れ、世界観、人間観が幅広く広がってゆき、その過程のなかで、知識を越えた知恵が身についてゆくからである。

③患者の向ホメオスターシス効果（prohomeostatic effects）の発動を期待できる。

実存的アプローチは、患者という人間に潜んだ治療へのさまざまな可能性を引き出すように作用する。

Ⓐ　精神─自律神経系・内分泌系・免疫系に作用すれば、これは「実存的転換」すらもたらすことになる。第一章で述べたように、実存カウンセリングは奏効した

場合、患者のDHEA-S（dehydroepiandrosterone sulfate）を昂進させる。これは生命力を向上させるホルモンである。

Ⓑ 自ら成長を促す効果をもたらし、患者個々のみずから創造する人生に実存的洞察をもたらす。

現代社会は人間に、多く生きる意味の喪失をもたらした。実存分析は、自分自身の独自性や、自分だけに与えられた人生の意味・価値を見出させ、それに本質的に気づかせるアプローチである。こうしたアプローチは、本質的な治療に至る。その対象はありふれた疾患（common diseases）から致死的疾患まで幅広い。

具体的には、各種の慢性疾患（生活習慣病：高血圧、低血圧、糖尿病、癌、心筋梗塞など）、癌末期医療、癌性疼痛、思春期医療、登校拒否、リハビリテーション医療、テクノストレス、突然死、慢性疼痛、不定愁訴、老人痴呆などである。すなわち、精神因性神経症、精神因性心身症と称することのできる疾患は、現代社会には余りにも多い。

実存分析は患者側の病気に対する態度の変容を発生させる。すなわち、闘病的態度（fight against disease）から、従病《しょうびょう》的態度（live with disease）(3)への変換が発生しただけで、その予後が望ましい方向へ、大きく変わってしまうことを、我々もよく経験する。

ある種の実存的転換が図られたとも考えられる例も決して少なくない。患者が自己の苦悩をまず自ら受容し、同時にそこに意味を見出せるようにするところに実存分析の特徴があり、本法ではそうした態度の形成を目的にする。

④実存分析は、現代病への本質的アプローチである。

すなわち、実存分析は、失感情症（Sifneos）、失体感症（池見）、失意味症（池見）から開放する方法である。

現代人の特徴である意味への意志の挫折が、失感情症、失体感症、失意味症を創《つく》る。それを乗り切り、主体的に健康を創造するためには、受け身の医療から自らコントロールする医療へと展開して行かなければならない。すなわち、セルフ・コントロールの医療の創造が必要である。そのベースにあるのは、患者個々の「生きる意味」に根ざした態度の変容である。

⑤実存分析は、致死的・難治性疾患に挑戦する知恵、勇気を与えてくれる。

豊饒の現代社会に、フランクル博士の体験したアウシュビッツがあるとすれば、それは、癌病棟、難治性疾患病棟であろう。最先端の現代医学をもってしても、手の打ちようのない患者に対しても諦める事なくアプローチする知恵を実存分析は与えてくれ、また、治療者にそれに挑戦する勇気を与えてくれる。患者には、従病の知恵を与えてくれる。

⑥実存分析は、QOL（quality of life；生命《いのち》の質）(7)(8)を高める医療を提供する。

QOLを高めることは、全人的医療の究極の目的である。それは、まさに人間らしさの追求（メディカル・ヒューマニティ）である。かけがえのない人生を、自ら創造し、追求してゆくとき、その患者個々の生きる意味は、もっとも重要な視点である。

## 五．全人的医療の第三ステップと実存分析

全人的医療の第三ステップは、疾病の予防と積極的な健康（ポジティブ・ヘルス）の創造である。このステップでのケアの目標は、セルフ・コントロールである。セルフ・コントロールを日々続けて行くには、充分な理解とそれを支える動機がなくてはならない。実存分析は、その動機付けに重要な役割を果たす。実存的アプローチがなくては、その動機付けは困難とすら言えよう。

## 六、おわりに

以上、実存分析が全人的医療という文脈の中で果たす役割、可能性について述べた。実存分析は、デイ（Day. S.）や池見、永田により完成された全人的医療モデル、すなわち、身体・心理・社会・実存医療モデルの、実存レベルへの直接的アプローチであり、しかもそれは全人的医療の核（core）であると考えられる。

**参考文献**

⑴永田勝太郎：『新しい医療とは何か』（ＮＨＫブックス：八一七）、ｐｐ．二一九、日本放送出版協会、東京、一九九七。
⑵Nagata, K.: Comprehensive medicine based on bio-psycho-socio-existential Medicine, Comp. Med. 1(1):15-32, 1995.
⑶Nagata,K.: Comprehensive medicine -biopsychosocial medicine, Oriental and Occidental overview, International Foundation of Biosocial Development and Human Health (New York), pp.203, 1999.
⑷池見酉次郎監修、永田勝太郎編：『バリント療法—全人的医療入門』、医歯薬出版、ｐｐ．二一七

二、東京、一九九〇。
(5)永田勝太郎ほか：「全人的医療と東洋医学」、大塚恭男、永田勝太郎ほか編、『プライマリケアと東洋医学』、一三一―七二、誠信書房、東京、一九八六。
(6)Balint, M.:The Doctor, His Patient and The Illness, M.J.Pitman Medical Publishing Co.,London, 1957、池見酉次郎ほか訳；プライマリ・ケアにおける心身医学―バリント・グループの実際―、診断と治療社、一九八一。
(7)永田勝太郎、姫野友美、岡本章寛、伊東充隆、釜野安昭、金子美恵、奥秋晟：「QOL（Quality of Life）とその臨床評価における意義と実施法」、臨床医薬、5(2):211-235, 1989・
(8)永田勝太郎：『ＱＯＬ―全人的医療がめざすもの』、講談社。

# 第三章
# 実存カウンセリングと治療的自我

## 一・今日の医療の特徴：自律性と医療不信

今日のわが国の医療の特徴を端的に述べると、「潜在した医療不信の顕在化」と「市民の自律性（autonomy）への目覚め」と言えよう。

市民は現代医療の適応と限界を、マスコミを通じ、また自分自身や身内の医療体験を通じて明確に知るようになってきた。わが国の医療界に浸透した技術優先主義の抱えるさまざまな問題、さらに医師個々人の能力の適応と限界を市民は徐々に、しかし確実に知ってきてしまっている。一方、市民の健康への希求は大きく、それは世界的な生命倫理運動（bioethics）とあいまって、確実に進展している。こうした動きは生命倫理運動の根幹を成す自己決定権（自律性）の発揚を促し、一九九四年春には、日本学術会議は尊厳死の権利をも容認する決定をした。

こうした市民の医療に関する態度は医師側の医療に関する考え方と徐々にかけ離れる結果をもたらし、今日、そこに大きな乖離が発生してしまっている。その背景には歴史上、ついこの前まで、医師、市民ともに現行の医療保険制度のもとで、現代医療を過信してしまっていたという事実がある。そもそも科学は、ある固有の方法論の持つ適応と限界を明確にするところから始まる。何でもかんでも一つの方法で済むという考え方は本来科学的ではない。医学・医療においても同様であり、我々は医師として、また科学者として、我々自身の持つそれぞれの方法論の適応と限界を明確にしてゆく必要がある。

すでに米国では、一九六〇年代後半からバイオエシックス（生命倫理）運動が展開され、「医療は誰のために、何のために」という基本的問いかけが行われ、多くの改革が成されてきたが、わが国においても生命倫理運動は確実に展開してきている[1]。それはインフォームド・コンセントという概念の普及からも明らかである。

## 二　医療者の態度[2]と哲学

周知のように、医学教育・医療教育の目的には知識・技術・態度の三つがある。我々は一般的な医学教育のなかで、主に卒前教育で知識を学び、卒後の研修医生活で技術を学ぶ。しかし、残念ながら態度を学ぶ機会はほとんどない。態度は師の「後ろ姿」の中から学べとよく言われる（師の後ろ姿論）。本当に態度教育はそんなもので済ませられるのだろうか。顕在化した医療不信をそんなに簡単に払拭できるだろうか。

医療は人（治療者）から人（患者）に行うヒューマニズムに基づいた行為である。治療者の態度がすべてを決めるといっても過言ではない。教育も科学である。「師の後ろ姿論」で態度教育が済む時代は既に終わった。それはむしろ、アナクロニズムとさえ言える。

では、どうしたらよいだろうか。

まず、初めに態度（attitude）とは何かを考えてみたい。これは、医学教育学上は、情意教育（affective domain）領域に属す[2]。

具体的には、治療者としての医師の人間性のことを言い、それを全人的医療の先駆者であったBalint, M.は「医師というクスリ」（Dr. as a medicine）[3]と称し、米国の臨床心理学者Watkins, J. G.は「治療的自我」（therapeutic self）[4]と表現した。

態度は医師の治療者としての基本的なアイデンティティの根幹を成すものであり、医療のプロフェッショナルとしての「意味」そのものである。それは治療者としての根源的な気づきであり、すなわち、治療者としての責任を明確にし、治療者としての自由性を柔軟性を持って駆使して生きて行く態度である。

つまり、態度は「治療者としての哲学を行動化（経験化・体系化）したもの」と考えてよいだろう。ここで言う哲学とは決して机上の空論を意味するものではない。自分自身と関係する患者（治療者が治療上の責任を持つ患者）の生命に関した基本的考え方であり、それは具体的には治療者としての生命観、医療観、疾病観、死生観といってよい。こうした哲学を日々醸成し、それを高める努力の中に初めて、現有の能力以上の知恵が湧き、意思決定ができるようになる。

こうした態度の中から我々は、患者に共感し、全人的理解（comprehensive medicine based on whole person medicine）[1]が実践できるようになる。さらに患者固有の問題解決のために、現代医学の適応と限界をわきまえ、その可能性を十分に勘案した上で、心身医学や東洋医学[1)(5)(6)(7]といった現代医学とは異なった体系、方法論をもった分野を相互主体的に導入するような柔軟性を持てるようになる。すなわち、患者をいついかなる場合でも、病を持った人間として観て、適切な対応を的確に行える全人的医療の実践がここで初めて可能になる。さらに、必要に応じて、キュアとケアの両方法論の導入や病態モデルのみならず、健康モデルや成長モデルの導入も可能になる。これは治療者としての自由性でもあり、責任でもあり、そして喜びでもある。

## 三、態度とコミュニケーション

こうした態度の行使は、治療者のみの決断で成されるべきものではない。先に述べた生命倫理的展開のなかで患者との相互主体的関係（互いに人間として尊敬し合うような関係）のなかで行使されるべきである。これは必要条件ですらある。

すなわち、対患者・対家族・対同僚とのコミュニケーション（interpersonal communication）、チーム医療）が重要である。特に対患者については、患者の内におけるコミュニケーション（intrapersonal communication）が重要であり、全人的医療は良好な人間関係（interpersonal communication）のもとで、治療者、患者双方が患者の内におけるコミュニケーション（intrapersonal communication）に対し、十分な理解をすることから始まる。患者の内におけるコミュニケーション（intrapersonal communication）とは、患者の抱える身体・心理・社会・実存的問題間のコミュニケーションのことを言う。すなわち、身体・心理・社会・実存的問題間の絡みをいかに理解するかということである。

この臨床的効用は大であり、こうしたコミュニケーションの経過のなかで、患者の内なる治癒力（healer within）の発揚が見られたり、バリント（Balint, M.）の指摘するように患者固有のセルフコントロール能力の向上が見られることも少なくない(3)。医療における高いQOL（quality of life、生命の質(1)）の保証がなされるためには、こうしたコミュニケーションは不可欠である。

態度教育はこのように医師、医療者としての基本的アイデンティティ（identity）にかかわる問題であるが、困難な問題も多い。最大の課題は教育の困難性、評価の困難性である。

しかし、こうした課題については、教育方法に科学的方法、特に行動科学的方法を導入すれば良い。特にコミュニケーション技術については、さまざまな科学的方法がある。これは師の後ろ姿からは学べない技術である。さらに国際的には、バリント方式のグループワークがそのための教育方法として、実践されている。

さて、この態度やコミュニケーションの問題は医療分野に限っての特殊な問題だろうか。否、そうではない。いわゆるサービス業に共通の問題である。しかも医療以外のサービス業ではすでに経験済み、問題解決済みの問題である。

医師などの医療職の過剰時代を迎え、その競合がすでに始まっている今日、先に述べた医療不信は医療職の態度の中から発祥していることを銘記すべきであろう。

## 四．医療におけるコミュニケーションの実情

一九九四年の日経メディカルと日経ウエルネスの調査(8)では、医師が患者に対して言葉に配慮したと答えた者は八二・四％に上り、言葉がもとで患者との関係が悪化したとこたえた者は四五・七％にも上った。

また、自分の説明に患者が満足しているはずと考えている医師は二六・二％、まあ満足のはずと考えているのは五六・二％であり、両者合わせると、八二・四％に上った。しかし、患者の側から見るとこれがだいぶ変わってしまう。医師の説明に満足と答えた患者は一二・六％であり、まあ満足と答えた患者四五・三％を加えると、五七・九％の患者がどうにか満足としているものの、両者の認識の間には二四・五％もの乖離がある。問題はこの二四・五％もの乖離である。

さらに、同調査では、患者の側から医師に十分な説明を希望している内容を挙げているが、①薬：五三・六％、②病気：五三・二％、③薬の副作用：五一・〇％、④治療方針：四四・〇％、⑤予後：四二・九％、⑥検査結果：四一・二％、⑦生活の注

意：三九・一％、⑧病名：三二・六％であった。
これらの項目は医療者として患者が納得するまで、十分説明する（informed consent）のが当然の内容であり、それが治療者と患者の信頼関係を築く基本でもある。

## 五．医療者の態度の具体的内容

治療者と患者の出会いは、病院・診療所などの場である。そこで患者は、自らの生命を預ける治療者をそれに足る人物かどうか判断する。治療者の能力には三つある。その能力とは、知識、技術、態度の三点であり、理想的治療者とは、この三者を十分備えている者である[(1)]。一般的に医学教育、医療教育、看護教育の目的はこの三つと言われる。このバランスが大切である。

例えば、知識のみが優先すると、医療者は患者をモルモット扱いするようになる。技術優先主義は、危険ですらある。患者に迎合する医療者は、実は患者を一万円札ぐらいにしか見ていない。

知識は主に卒前に教育され、国家試験で確認される。技術は主に卒後に教育される。問題は態度である。態度とは、何だろうか。

態度とは治療者としてふさわしい人間性、さらにそれをベースにした人間的行為のことを指す。バリントは態度を「治療者という薬」(Dr. as a medicine)[3]と言った。また、ワトキンス(Watkins, J. G.)は、これを「治療的自我」(therapeutic self)[4]と呼んだ。これを具体的に述べると以下のようになろう。

① 治療者が治療者としての意味に目覚めている状態であり、治療者としての気づきを持ち、責任を持ち、治療者として豊かな自由性、柔軟性を持っている状態を言う。

② 治療者として、自らの能力の適応と限界も熟知している状態である。自らの能力の適応を越えた患者の場合、専門家への紹介がスムーズにできなくてはならない。

③ いかなる患者のいかなる状況でも、そのまま、患者を受け入れること(受容)ができる。患者の本質的問題にスムーズに入れ(tuning in)、理解でき、問題解決できる。さらに患者を支えること(支持)ができ、よくなれるという保証を与えることができる。こうした態度をカウンセリング・マインドと言う。これは具体的には、治療者が患者の鏡になることであり、治療者(医師)と患者が同じグラウンドに立ち、患者の抱える問題について、手を携えながら、解決に当たることを言う。その時、治療者は決して患者に指示を与えてはいけない。治療者は非支持的に、患者が

自己を映す鏡の役割を果たし、その自律性を発揚し、自己決定しうるように接さなくてはならない。
④ いつでも患者を受け入れることができる。治療者のその時々の気分に左右されない。
⑤ いかなる患者のいかなる状況でも、患者に希望を与えることができる。ユーモアの精神を絶えず持つことができる。
⑥ 患者が納得行くまでよく説明できる。患者の言葉で説明できる。インフォームド・コンセントをよく「説明と同意」と言うが、説明と同意の間には、納得がなくてはならない。インフォームド・コンセントは、検査、診断、治療等すべての医療行為において必要である。
⑦ 患者の病気、健康の問題の相談に乗れる。いつでも連絡を取れる。
⑧ 態度にすぐれた治療者は自らの医療に哲学を持っている。すなわち、健康観、生命観、医療観、死生観をしっかり持っている。そして、その結果、患者から信頼されている。
⑨ 治療者として、絶えず、自らをブラッシュアップする努力を怠らない。そこから、治療のための知恵を沸き上がらせ、治療の際の意思決定を行う。

⑩　こうした態度の基本は、全人的医療にある。態度の形成には、治療者の患者への共感を基礎とした患者の個別性への全人的理解（intrapersonal communication, biopsychosocial-existential understanding）がその根底にある。

⑪　現代医学の適応と限界を熟知したうえで、心身医学・東洋医学を積極的に導入する柔軟性がなくてはならない。

⑫　キュアとケアの両方法論を導入し、病態モデルのみならず、健康モデル・成長モデルをも積極的に導入することが必要である。

⑬　対患者・対家族・対同僚の間にコミュニケーション（interpersonal communication）がうまくでき、チーム医療を推進できなくてはならない。

⑭　患者のヒーラー・ウイジン（内なる治癒力）を発揚させ、セルフコントロール能力の向上を図れる。

⑮　高いQOLの保証ができる。

残念ながら、この態度に関しては、医学・看護学を通して、わが国では、十分教育されているとはいえない。

## 六．態度教育：バリント方式のグループワーク

こうした態度の教育がうまく行かない理由には、教育の困難性、その評価の困難性が大きい。そのため、行動科学的方法の導入が必要である。わが国では、態度教育については、先に述べたように、いまだに「師の後ろ姿から学べ」という「師の後ろ姿論」が根強いが、これは科学的ではない。コミュニケーション理論を基礎にしたバリント方式のグループワーク[(1)(3)(5)]はそのための具体的方法論であり、世界的に実践されている。

さらに、こうした態度の形成には患者の身体・心理・社会的問題への共感に加え、患者固有の実存性[(7)]への共感が必要である。そこまで至らないと真に患者を理解したとは言えないであろう。

## 七．実存カウンセリングと治療的自我

さて、実存分析を施行するに際して、重要なことは、治療者自身の態度であろう。

患者の実存的病態（問題）に共感し、介入するということは、なまやさしいことではない。多くが、患者個々に取り、極限状態での問題であるからである。彼らの自らの人生を見る眼は真剣で厳しい。それに共感するためには、治療者自身もしっかりとした人生観、世界観、死生観をもっていなくてはならない。これは、治療的自我の問題（Watkins, J. G.）でもあり、〝医師という薬〟（Balint, M.）の薬理効果の問題でもある。

他の精神療法でも同様であるが、特に実存分析の治療者は、やむをえず患者の自我の深いところにまで入りこまざるをえないことが間々あるので、治療者はいかなる状況においても、〝中立的態度〟を堅持しなくてはならない。

当然のことながら、治療者の人生観や、世界観を押しつけたりすることは、絶対にあってはならない。患者の有する自律性（autonomy）、自己決定権（self-determination）を尊重してゆかねばならない。さらに、上手に患者が自らの意志で、自分固有の人生の意味を引き出すようにし、治療者は、それを過小評価も過大評価もせず、そのまま受入れ、患者自ら、その意味の価値に気づくようにしなければならない。当然のことながら、治療者は、徹底的に受容的で、支持的で、保証的でなくてはならない。しかし、治療者として患者の実存的問題に共感するということは、決してなまやさしいことではない。治療者自身もしっかりとした自我（治療的自我）、人生観、世界観、医療観、健康観、死生観をもっていなくてはならない。

さらに、患者の身体的・心理的・社会的・実存的なさまざまな問題を扱うので、医学・医療上、また、さらに精神療法上の知識、技術に習熟していなくてはならない。

実存分析専門医（ロゴセラピスト）になるためには、良き師の下で十分なトレーニングを受ける必要がある。他の心理療法でもそうであるが、特に付け焼き刃の実存分析は、たいへん危険でさえあることを付け加えて置きたい。初心者は、決して単独では行わず、チームの中で行い、徐々にその学習を深めて行かなくてはいけない。

我々治療者は、患者のバイオ（身体面）のレベルでの共感・理解は、比較的しやすい。心理面―社会面での共感・理解には、訓練が必要である。

さらに、最も困難なのが、患者の人間としての実存性への共感である。

癌性疼痛にさいなまれる患者や、脊髄損傷のような現代医学の限界を越えた状況に陥りハンディキャップを負ってしまった患者、また人間の本能とも言える食欲を失ってしまった神経性食欲不振症を患っている患者などへの共感は、ほとんど不可能とすら言える。そこに、人間学的視点、実存的視点が導入されなくてはならない。

われわれは、こうした実存的視点こそ患者受容の核（core）であると考えている。

また、バリント（Balint, M.）が指摘した患者へのチューニング・イン（tuning in：心の琴線に触れること）には、この実存的視点への洞察が不可欠である。

こうした視点を日常診療に取り入れることで、治療者としての受容能力は一層深まり、その結果、患者はときに、実存的気づきに至り、さらに実存的転換に至ることすらある。たとえば、末期の癌すら乗り越えてしまい、癌腫が自然退縮し、その結果、QOL（quality of life; 生命〈いのち〉の質）を高め、みずから豊かな人生を切り開き、病を楽しんでしまうようなしたたかさを呈す患者が少なからずいることに我々は気づいている。

それは、実存的転換による「内なる治癒力」（"healer within"：生体本来の向ホメオスタシス効果、自然治癒力）の発動と言えよう。われわれの尊敬する、全人的医療の先駆者、バリントは、こうした医師の態度を、「医師という薬（Doctor as a medicine）」という言葉で表現した。

この「薬」の果たす薬理効果は、科学技術だけではどうしても解決しきれない医療上の問題について、治療者自身が問題解決の方向へと非指示的に（non-directively）導くことにある。そこに、患者を全人的に理解する全人的医療の視点は必須であり、実存的視点も欠くことができないと考える。

## 参考文献

(1)永田勝太郎：『新しい医療とは何か』（NHKブックス：八一七）、pp．二一九、日本放送出版協会、東京、一九九七。

(2)Krathwohl, D. R., Bloom, B.S. Masia, B. B.：Taxonomy of educational objectives, The classification of educational goals, Handbook 2. Affective domain, McKay, New York, 1964.

(3)Balint, M.：The Doctor,His Patient and The illness,M.J.Pitman Medical Publishing Co., London, 1957. 池見酉次郎ほか訳：『プライマリ・ケアにおける心身医学―バリント・グループの実際―』、診断と治療社、pp．四七六、東京、一九八一。

(4)Watkins, J.G.: The Therapeutic self developing resonnance - Key to effective relationship, Human Scienses Press, New York, 1978.

(5)池見酉次郎監修、永田勝太郎編：『バリント療法―全人的医療入門』、pp．二七二、医歯薬出版、東京、一九九〇。

(6)永田勝太郎ほか：『全人的医療と東洋医学』、大塚恭男、永田勝太郎ほか編、プライマリ・ケアと東洋医学、二三―七二、誠信書房、東京、一八九六。

(7)内田安信、高島博監修、永田勝太郎編集：『ロゴセラピーの臨床』、pp．二二二、医歯薬出版、東京、一九九一。

(8)特集「あなたのその「ひとこと」が・・・」：『日経メディカル』、第三一六号：五四―七〇、一九九四年十月十日号。

# 第四章

# ストレス・コーピングと未病——突然死と実存カウンセリング

## 一・はじめに

今日、先進国の医療における大きな変貌は、その量的側面が十分に満足されるようになってきている中で、市民がさらに質的充足を求めるようになってきていることである。

医療の量的側面、たとえば虫垂炎の手術、抗生物質の使い方などは先進国どこに行ってもそのレベルに大きな差はない。ヨーロッパ、米国で大きく進展してきた現代医学（近代的西洋医学）は医療の量的側面の充足に大きく貢献し、市民の平均年齢は過去に例がないほど伸びた。わが国はその恩恵をもっとも強く受けた国ということができる。

しかし、その延びた生命は質の充足の保証がなければ意味がない。すなわち、末期患者のケア（ターミナルケア）[1]や健康で長寿をいかに保証するかといった医療の質的側面については先進国各国の医療事情、経済事情、歴史、伝統などからそのばらつきは大きい。

一方で、近代的科学主義の破綻が叫ばれて久しい。その解決をどこに求める得るか、それは全人類的な課題であり、模索の対象である。

近年急速な発展を遂げた心身医学は医学・医療・健康科学領域におけるそうした壁を乗り切るために登場した新しい健康観・医療観、また具体的方法論である。

一方、伝統的東洋医学はそもそも健康で長寿を保証する医学[2]であった。

今日、世界の医療は大きく様変わりしようとしている。それは医療に市民が質の充足を強く求めるようになったことが大きな要因である。人類の健康問題に大きく貢献してきた現代医学の限界を市民が知り始めてきたこと、また現実に現代医学単独では治療レベルに乗せられない患者（いわゆる難病患者）が増えてきていることなどがその要因として挙げられる。

現代医学は解剖学、生理学といった分析的手法を駆使し、感染症の克服や、心臓奇形などの外科的手術法の開発、消毒、麻酔学、放射線学、臨床診断学、ＭＥ学などに大きく貢献してきたが、その大きな適応は既に起きた疾患（既病：病理学的に完成した疾患）に対する診断・治療であった。

今日増加している糖尿病、高血圧、胃潰瘍などいわゆる生活習慣病（ライフスタイル病：common diseases）に対しては、進んだ現代医学をもってしても本質的な治療法はいまだ十分に見出せてはいない。ヒトゲノムの解析が終わっても、それが直接的に治療と結びつくには多大な時間を要する。

これらの疾患の発症には遺伝的体質、気質、日常的なストレス、ライフスタイル、生きがいなど人間の生き様が大きく複合的・総合的に関係するからである。ここに「全人的医療」（comprehensive medicine）[3]の登場の必要性がある。

## 二．全人的な健康の創造

今日、医療の質的側面の保証には大きく二つの問題がある。

ひとつは健康で長寿を保証するためには、いかに病を起こさないかの知恵を模索することであり、もうひとつはいったん致死的疾患に陥ってしまった場合、いかにそれを乗り切ってゆくかということである[4]。人間にとって死と死の過程ほど大きなストレスはないからである。

幸いなことに伝統的東洋医学や心身医学にはそうした事態に対して貢献できる様々な方法がある。なぜなら、そもそも伝統的東洋医学は健康で長寿を保証する医学であったからであり、また心身医学はケアの方法を多くもち、さらにその現代医学（近代的西洋医学）的側面と伝統的東洋医学的側面の両者を理解できる哲学を有しているからである。

以上のように、医療のいかなる場面においても質と量を保証しようする医療の立場を全人的医療という。これは今日二一世紀を迎えた今日、我々医療者に突きつけられた市民からの要請である。我々医療職はこの要請に全力を持って応えてゆかねばならない。

すなわち全人的医療とは、いついかなる状況においても、患者を病を持った人間として診てゆこうという医療である。その実践のための方法論として私たちには近代的西洋医学、伝統的東洋医学、心身医学という三つの方法論がある。これらの方法を全人的医療という文脈の中で相互主体的に使い分けてゆかなくてはならない。

近代的西洋医学と伝統的東洋医学はその哲学、医学思想、方法論などすべてことごとく異なる。しかし、健康の創造や病を持った患者の医療ということにおいては同じ目的を持っている。心身医学は両者に通じる哲学、医学思想、方法を有している。心身医学はその意味からかけ橋（インターフェース）の役割を担うことができる。

全人的医療の目的は速やかに患者を病から開放し、ＱＯＬ（quality of life：生命《いのち》の質）[5]の高い人生を保証することにある。

本章では、近代的西洋医学的方法をベースに置きながらも、機能的病態の「未病を治す」[6]という目的に対して、伝統的東洋医学の全人的医療への貢献を心身医学的基礎の中で実存カウンセリングとの関係を具体的に模索してみたい。

## 三、突然死の症例

まず始めに症例を示す。

症例は四五歳の商社社員。男性。一七一cm、八〇kg。

毎年の会社の定期健診で肥満、高血圧、軽度の糖尿病、脂肪肝を指摘されていたが、特に症状もなかったので放置していた。

既往歴に特記すべきものはない。

家族歴では父が脳梗塞で、母が肺結核で死亡している。

患者は従来、勤勉であり、仕事を休むことはほとんどなかった。

患者は本来、公認会計士になりたかったのだが、高校生のときに父が亡くなり、弟たちの学資を稼がざるをえなくなり、やむを得ず高校を中退して就職した。高校、大学は働きながら夜間部を卒業した。仕事はよくできたが、公認会計士になる夢を捨て切れないでいた。

会社の給料はよかったが多忙で、さらに人間関係に苦労していた。転勤が多く、単身赴任で地方の支店に二〇年勤続した。また、出張が多く、年に国内二〇回以上、海外一〇回以上をこなしていた。

会社での彼の評価はたいへん高く、何度も表彰され、「仕事のできる付き合いのよい課長」という評価であった。仕事上のことで「NO」と言ったことはない。

しかし、妻のいる家に帰り、晩酌のとき、ふと、「やっぱり、会計士になりたかったなあ。」ともらしていたことが度々あったという。

昨年の秋、大きなプロジェクトが成功した後の祝賀会の最中に彼は倒れ、そのまま帰らぬ人になってしまった。いわゆる突然死（心筋梗塞）である。

そのプロジェクトに彼は責任者として参画し、二年間不眠不休の日々が続いた。懸命の努力をしてはいたが、しかし彼が本心から仕事を楽しむことは決してなかった。

毎日多くの問題を抱え、ストレスにさいなまれ、その結果、酒を飲まない日はなく、タバコもヘビースモーカーであった。すなわち、彼のストレスの発散は、手っ取り早く酒、タバコ、マージャンに頼っていたと言える。しかも彼は単身赴任であり、日常生活は荒んでいた。

彼の妻は高血圧を有し、我々が治療をしていた。たまたま彼が家族のいる自宅に戻ってきたとき、妻は彼の顔色の悪さに驚き、また彼自身も持続的な頭痛、肩こり、吐気、めまいといった症状を訴えていたため、心配になった妻は夫を説き伏せ、彼を伴って我々の病院を訪れた。

その時の一般的な現代医学的診察・検査では肝機能の軽度異常、血清脂質の上昇のほかには特に病的な問題点を認めなかった。

自律神経系の反応を見るためにシェロングの起立試験を行った。臥位の血圧は正常であったが、立位後血圧が上昇し、いわゆる起立性高血圧反応を呈していた。起立性高血圧はラクネ型の脳梗塞に多く出現することが我々の研究から明確になってきている。これは脳のCTでは発見できない。MRIによってのみ見出すことができる。はたして彼のMRI所見には多発性のラクネ型の脳梗塞が認められた。

さらに、伝統的東洋医学的診察では瘀血スコア[7]が五七点と、重度の瘀血病態にあった。

起立試験の施行に際しては、伝統的東洋医学的脈診を科学的に測定・評価できる機器であるパラマテック GP303s を用いて、血圧以外に心拍出量などの血行動態パラメーターならびにコロトコフ・ソノグラム（KSG）を測定しているが、KSGでは、起立負加三分、四分後に、突然、特異な大―直角三角形型をを呈し、これは一時的に冠状動脈の血流量が著しく減少することを意味した（図1）。

このKSGの反応は起立試験という自律神経系の刺激試験を行ったときに一過性に出現することが多い。

心電図では各種負荷を行っても病的所見は見出せなかった。

心身医学的には明らかな失感情症（alexithymia）、失体感症（alexisomia）に加えて失意味症であった。すなわち、日々の仕事に追われ、その成功を追求す

| 型 | スワン | 台形 | 双峰 | 聴診ギャップ | 直角三角形 | | 虚血 | 不整 |
|---|---|---|---|---|---|---|---|---|
| | SW (Swan) | TR (Trapezium) | TP (Twin peak) | AG (Audio-gap) | 小RA (Small Right-angled) | 大RA (Large Right-angled) | IS (Ischemic) | IR (Irregular) |

KSGとは血圧測定の時、腕に巻いたマンシェットの血管音を図示したもの。心臓と末梢血管の両方の情報を含んでいる。

**図1　KSG（コロトコフ・ソノグラム）**

るあまり、過剰適応し、たまったストレスの発散のために、アルコール過飲、ヘビースモーキング、徹夜マージャンといった自己破壊的ストレス・コーピングを行い、それが習慣化し、ついには自己破壊的ライフスタイルに陥っていた。

しかし、そんな状態でも生きる意味[4]さえしっかりもっていれば、まだそこから脱出できる可能性はある。残念ながら、彼の場合の仕事は本質的には生きる意味にはなっていなかった。

さらに彼は冠状動脈疾患を発症しやすいA型行動性格（表1）も有し、軽いうつ反応も認められた。

以上のような観点から、我々は彼に休養の必要なこと、このままうっかりしていると取り返しのつかない状態に陥ること、また入院治療の必要を説いた。放置すれば臨床的な脳梗塞を発症し、取り返しのつかなくなる結果に陥る可能性が大なることを繰り返し話した。そんな話を彼は他人事のように、半信半疑の面持ちで聞いていた。

彼がどうしても納得しないためにとりあえず、起立性高血圧の治療に用いるベータ・ビロッカー等を処方し、赴任地の近医宛に紹介状を書き、速やかに入院治療するよう念を押した。

しかし、彼は我々の警告を無視し、仕事を従来どうりに続け、相変わらず自己破壊

| |
|---|
| 1．怒りっぽい、よく怒鳴る |
| 2．競争心が強い、負けると非常に悔しがる |
| 3．時間に追われる、せかせかした行動 |
| 4．自分にも他者にも時間に厳しい |
| 5．車の運転で抜かれることはない、すぐ抜き返す |
| 6．先行車が遅いといらいらする |
| 7．いらいらした感じの癖がある |
| 8．一列に並んで待つことができない |
| 9．食事のスピードが早い |
| 10．限られた時間内で多くのことをしようとする |
| 11．達成感を強く求める |
| 12．仕事量が多いことが自慢 |
| 13．同時に二つのことをする |
| 14．仕事を質より、量で評価したがる |
| 15．無為な時間に罪悪感を感じる |
| 16．仕事を早くするため、職場に朝から夜遅くまでいる |
| 17．昼休みをもたずに、すぐ仕事をする |
| 18．仕事でも余暇でも挑戦的 |
| 19．仕事が生きがいで趣味はあまりない |
| 20．今の仕事に過剰に適応している |
| 21．仕事上の責任感が強い |
| 22．休日出勤、残業のため、家庭を犠牲にする |

（Friedman, M. & Rosenman R. H. 1959による）

A型行動性格は心筋梗塞関連行動であり、心筋梗塞になるリスクが高い。しかし、この性格の持ち主は行動力があるので、気づきを持てば、果敢に行動変容することが期待できる。行動変容できた場合、再発率は少ない。行動科学的教育（性格・行動への気づき）が必要であるが、その背後に実存的な気づきを促すことを忘れてはいけない。

**表1　A型行動性格の特徴**

的ライフスタイルを続けた。

そしてその結果は先に述べた通りである。

この彼のような患者が日本ではあとを絶たない。突然死や過労死は日本では社会問題にすらなっている。

## 四. 瘀血と失意味症

瘀血とは、伝統的東洋医学における概念であり、血（けつ）の巡航が滞っている状態を指す。血とは気（Qi）によって巡らされている赤い液体であり、組織に栄養を送り、生体を維持する。ちなみに気とは目に見えないエネルギーのことである。

血は目に見える具体的存在であるため、科学的研究の対象にされており、日本ではさまざまな科学的研究がなされている。血は血液、血行動態、自律神経系、内分泌系、免疫系など生体のホメオスタシスを司るシステムすべてを包括した総合・複合概念なので、その分析的科学的解明は困難である。

瘀血とはそのホメオスタシスの病的状態を意味する。日本瘀血学会はその研究のための学会である。

我々は瘀血の診断には寺沢等により提唱された診断基準[7]を用いている。これは多変量解析により作成された診断基準である。

瘀血は癌、心筋梗塞、脳梗塞、膠原病、慢性感染症、慢性肝炎、肝硬変など致死的疾患や激しい持続的なストレス状態などで強く認められている。

その診断基準を示す（表2）。

瘀血の診断は生体の微細な変化を総合して評価するところに特徴がある。瘀血は生体のホメオスタシスの失調であり、身体の変化への気づきを促し、それを総合的に評価することである。

また表2から明らかなように瘀血の診断は難しくない。医師によらなくとも患者自身でも可能である。毎朝の髭を剃るとき鏡を覗き込むことや、夜間ベッドに入って腹を触ることで可能である。

こうして得られた情報を正しく自らの身体の変化への気づきに導けて行けば、これはまさに失体感症（alexisomia）からの開放になると言える。したがって、瘀血を診断することは失体感症の診断と言える。失体感症は常に失感情症を伴っている。これが進むと、人間は失意味症に陥る。すなわち、生きる意味を失う。わが国では定年退職後の男性の自殺が多い。これは交通事故死を凌ぐ数であり、年々増加傾向にある。

1）眼の下に隈（くま）がある　　（男子10点　女子10点）
2）顔の色が黒っぽい　　（男子２点　女子２点）
3）肌がさめ肌（ざらざらして荒れている）である　　（男子２点　女子５点）
4）唇の色が赤黒い　　（男子２点　女子２点）
5）歯ぐきの色が赤黒い　　（男子10点　女子５点）
6）舌（べろ）の色が赤黒い　　（男子10点　女子10点）
7）細絡（皮膚に浮かび上がった毛細血管）がある
顔面、前胸部、大腿部に出やすい　　（男子５点　女子５点）
8）ぶつけると青あざができやすい
上肢、下肢、胸部に出やすい　　（男子２点　女子10点）
9）手のひらが赤い　　（男子２点　女子５点）
10）へその左側に圧痛点がある　　（男子５点　女子５点）
11）へその右側に圧痛点がある　　（男子10点　女子10点）
12）正中部（へその下）に圧痛点がある　　（男子５点　女子５点）
13）右下腹部に圧痛点がある　　（男子５点　女子２点）
14）左下腹部に圧痛点がある　　（男子５点　女子５点
15）季肋部（みぞおち～肝臓の部分）に圧痛点がある　　（男子５点　女子５点）
16）痔がある　　（男子10点　女子５点）
17）月経不順がある（女子のみ）　　（女子10点）

診断の基準：　～20：正常
21～39：瘀血病態
40～　：重度瘀血病態

（原典は寺沢による、永田による解題）

出典：寺澤捷年ほか：瘀血症の症候解析と診断基準の提唱、日本東洋医学雑誌、34 (1) : 1-17, 1983.

**表２　瘀血スコア（科学技術庁）**

まさに生きがいを失った定年者の陥る実存的虚無がその原因であると言えよう。

さて、我々は瘀血の科学的研究の一つとしてその血行動態を測定した。シェロングの起立試験を負加し、起立試験に伴う血行動態を測定した。

その結果は虚証（体力が標準以下）の瘀血では、収縮期血圧がやや低く、心臓の一回拍出量が有意に少なく、総末梢循環抵抗が高いのが特徴であった。実証（体力標準以上）ではその逆に高血圧傾向、一回拍出量が多く、心係数が大きく、総末梢循環抵抗が低い特徴が認められた。これらの傾向は臥位よりも立位で強調されていた。

また、瘀血と血小板の放出反応との相関を見ると、瘀血とベータ・トロンボグロブリン、血小板第四因子の量は有意の相関を示した。

駆瘀血剤（桃核承気湯、桂枝茯苓丸、当帰芍薬散）という瘀血治療のための漢方方剤を使用したところ、これら血小板の放出反応は正常化し、しかも治療後、高からず、低からずというという生体の最も望ましい値（ベータ・トロンボグロブリンにて平均三三・八）という値に収束したことは伝統的東洋医学的方法の向ホメオスタシス効果を感じさせる。

さらに瘀血状態では血液粘度の昂進が認められるということはすでによく報告されている。

こうしたことから瘀血は梗塞性疾患の未病（unorganized disease）と言うことができよう。その瘀血には失感情症、失体感症、さらに失意味症が潜在していることが多いことを忘れてはいけない。

## 五．本症例の突然死の予兆

本症例にはいくつかの突然死の予兆が出ていた。

一）起立性高血圧
二）KSGにて大—直角三角形
三）急速に進行した瘀血
四）A型行動性格
五）失感情症、失体感症傾向
六）失意味症

こうした予兆はいずれも決して決定的なものではない。しかし、これだけ多くの予兆が出ていることに対し、人間はもっと注意を払い、セルフコントロールに努めるべきではないだろうか。特に右記の一）〜三）はストレスの生体への直接的現れと考えることができる。東洋の知恵、西洋の知恵、これらを全人的なストレス・コントロール、すなわち、健康創りに積極的に活かしてゆくべきである。

いずれにせよ、本症例は大きなストレス状態にあり、そのコントロールがうまくいっていなかったと言えよう。したがって、突然死を回避するためには、上手なストレス・コントロールが日常的になされなければならない。なかんずく、失意味症の持つ意味は大きい。

## 六、実存分析学的視点(4)から見たストレス・コーピング

現代社会特有のストレッサーには、逼迫した時間・狭い空間・複雑な人間関係・さまざまなライフイベンツ（人生の出来事）がある。こうしたストレッサーが人間におよび、ストレス（歪み）を生じる。人間にとって最大のストレスとは死と死の過程である。そのストレス反応（回避）行動には以下のようなものがある。

① 逃げる：治療放棄、自暴自棄、転換、とらわれ、不適応、自殺。

② 戦う：結果的には疲労し、壮絶で果敢な死に至る。

③ 過剰に適応する：過剰適応した結果、自己破壊的ライフスタイルを作る（飲む、打つ、買う）。心身症（ライフスタイル病：自律神経失調症から癌、梗塞性疾患のような致死的疾患まで）、燃えつき症候群、過労、うつ、突然死、過労死、病死。結果的に、相手（ストレッサー）にへつらうこととなる。

④ ともに生きる（従病《しょうびょう》）：もっとも人間らしいストレス反応行動である。これは人間にしかできない反応である。「ともに生きる」（従病）ということは、病に従ってしまうのではなく、逆に病を従えてしまうようなしたたかさを意味する。人間はいかなる極限状況に置かれても、態度変更の自由を行使できる。それは「あるがままに」生きることであり、「素直でしたたかな生き様」を意味する。また、人生をユーモアにあふれたものにできる。さらに、生かされている生命への気づき（失感情症、失体感症、失社会症、失意味症からの脱却）に目覚めることでもあり、生きていることに感謝することでもある。こうした結果、自らの生命の尊さを知る。また、この次元では、宗教（信仰）の効用も大切である。時に、この次元の患者が実存的転換を果たすこともある。

この症例の場合、公認会計士になりたかったという夢を最期までもち続けたのだが、それを実現することはできなかった。その結果、彼は自らの現状に対し、絶えず満足感をもっていなかった。このことを口に出して言うことはむしろまれであったが、本質的な不満感は相当なものであった。

彼の死後、妻により発見されたノートにその記載があった。ノートには「おもしろくない、悔しい、もう一度やり直せないものか」ということが、乱暴な字で書き連ねてあった。

彼の失感情症、失体感症、また自己破壊的ライフスタイルは本質的にはそうした彼の人生の基本的なレベルでの挫折から出発している。

もし彼が若いころの夢に早く見切りをつけ、置かれた状況の中で何ができるかを真剣に考えたならば、彼は新しい生きる意味を得ただろう。しかし、彼はその見果てぬ夢にとらわれすぎていた。

生きる意味に目覚めることとは、同時に生かされている意味（自由と責任）に気づくことである。そこに初めてその人間（個人）にしか構築できない人生の展望が広がる。その自由性と責任性に目覚めるとき初めて、自己破壊的ライフスタイル、A型行動、失感情症、失体感症は消える。

## 七、おわりに

健康で長寿は人間の願いである。全人的医療は今ある疾患の治療にとどまらず、未病を治し、クオリティ・オブ・ライフを高める医療である。

伝統的東洋医学・近代的西洋医学は手を携えて新しい時代の医療の構築に邁進しなくてはならない。その場合、心身医学こそがそのインターフェースの役割を果たしうる[8][9]。その実践とシステム化のために、我々医療職はそれぞれの医学の適応と限界をわきまえ、相互主体的にアプローチしなくてはならない。

ストレスコントロールには、我々一人一人がこの地球という自然のなかで生かされている自己の生命に目覚め、その存在の意味に気づき、生かされていることへの感謝がなくてはならない。

東西ベルリンの壁を壊したのは名も知れぬ人たちであり、決して高邁な理論や主義ではなかった。今日、主義（イズム）が崩壊し、その時代は終焉を迎え、「個」の時代が始まった。

QOLを高めることを目的にした全人的な健康創り、全人的医療はまさに時代の要請と言えよう。

## 参考文献

(1)池見酉次郎、永田勝太郎編著、『日本のターミナル・ケア—末期医療学の実践』、pp.316、誠信書房、東京、一九八四。
(2)永田勝太郎ほか：「全人的医療と東洋医学」、大塚恭男、永田勝太郎ほか編、『プライマリケアと東洋医学』、一二三—七二、誠信書房、東京、一九八六。
(3)永田勝太郎編：『バリント療法—全人的医療入門』、医歯薬出版、pp.272、東京、一九九〇。
(4)永田勝太郎編集：『ロゴセラピーの臨床』、pp.222、医歯薬出版、東京、一九九一。
(5)Nagata, K.: "Quality of Life Variables as New Health Indicators", Behavioral Medicine: An Integrated Biobehavioral Approach to Health and Illness, S.Araki, editor. 309-319,Elsevier Science Publishers, Amsterdam, 1992.
(6)有地滋：「未病の現代的意義」、大塚恭男、永田勝太郎ほか編、『プライマリケアと東洋医学』、12-14、誠信書房、東京、一九八六。
(7)寺澤捷年ほか：「瘀血症の症候解析と診断基準の提唱」、日本東洋医学雑誌、三四（一）：一—一七、一九八三。

(8)永田勝太郎：『新しい医療とは何か』（ＮＨＫブックス：八一七）、ｐｐ．二一九、日本放送出版協会、東京、一九九七。
(9) Nagata,K.: Comprehensive medicine -biopsychosocial medicine, Oriental and Occidental overview, International Foundation of Biosocial Development and Human Health (New York), pp. 203, 1999.

# 第五章
# 教育現場と実存カウンセリング

# 一・はじめに

今日、病気は一部の急性疾患や事故を除いて、そのほとんどが生活（ライフスタイル）の中で作られている。言わば、病気は日常生活の中で作られるといっても過言ではない。オスラー博士は、「生活習慣が人間を作る、病気を作る」と言っているがまさにそうである。

大人は日常生活でのストレス発散のために「飲む、打つ、買う」を日常的に行い、「自己破壊的ライフスタイル」に陥り、その挙句の過剰適応の結果、生活習慣病や心身症を作る。子どもの場合もまったく同様である。

この二〇年間を振り返ってみると、世の中の移り変わりに沿い、子どもたちもずいぶん変わった。それに従い、子どもの病気も変貌した。

しかし、いかに時代が変わろうと子どもたちは本来、かわいい存在である。無垢でけなげで、そして痛々しい存在である。それでいて、彼らこそ新しい時代を作る力の根源である。

一方、子どもは社会（環境）の弱者である。しかも子どもは不安定な存在である。

それだけに社会（環境）の影響を強く受ける。子どもにとっての社会とは、両親であり、家庭であり、学校であり、地域社会であるが、それだけではない。近年のマスコミ（主にＴＶ）の影響で、社会の大きな変化は直接、子どもを襲う。

そんな現代社会（環境）のなかで、子どもたちにとり実存カウンセリングは何ができるか考えてみたい。

## 二、拒食症（神経性食欲不振症）の子ども

幸子はまだ一五歳の娘である。父親がほとんど家にいない環境の中で育った。営業マンである父は単身赴任が長く、月に数日しか家にはいなかった。兄弟には弟が一人いる。母はこの子どもたちに感情をよくぶつけた。同性である幸子には特にひどく当たった。夫婦仲は決して良くなかった。

幸子から両親を見ると、いつも欲求不満の母と頼りない無口な父親でしかなかった。中学を卒業する頃から幸子は学校をずる休みをするようになった。不良仲間と雑談をしているときに彼女はもっとも解放感を感じた。

そのうち、そのグループがシンナーを始めた。幸子はいつの間にかその仲間に入っ

ていった。ダイエットも始めた。競ってリーダー格に気に入られようとしたからである。リーダーはやせて細い娘が好きだったからである。

四六kgあった体重が見る見るやせていった。半年後には三四kgに減った。食べては吐く、また下剤を使って下痢することが習慣になってしまった。いつの間にか、覚醒剤も打たれていた。

入学した高校もすぐ辞めた。

自堕落な日々が続いた。家の中では、母親の愚痴ばかりが響いた。たまたま帰省した父親が痩せこけた幸子の腕についた覚醒剤の注射の跡を見つけ、母親をなじった。いつもの夫婦喧嘩が始まった。

しかし、今度は違った。父親が幸子を無理やり病院に連れてきた。

初診で簡単に診断がついた。神経性食欲不振症（いわゆる拒食症）である。

TVを観ても、週刊誌を見ても、やせていることや細いことが美しいと言わんばかりのマスコミの宣伝。女性週刊誌の広告の半数以上がダイエット商品というこの国の異常さ。それに振り回され、走り回る子どもたち。

幸子の脈拍は三十六回／分しかなかった（普通の人は七十回／分以上はある）。―三三%のやせと心臓機能の低下。血圧は七八／四九㎜Hgと著しく低下。もちろん、この半年間、生理（月経）はない。

拒食症の結果、身体全体の機能低下に陥ってしまったのだ。

このままでは死ぬと判断し、幸子にそのことを伝えた。

予想外のことだったからか、また、本人も苦しかったからか、そこで幸子は泣き崩れた。そして入院。

すぐＩＶＨ（中心静脈栄養）という栄養点滴が強制的になされた。

入院中、「今日のできごと」という日誌を毎日書かせた。これは日々移ろいゆく人間の感情、体感、生きていることの実感を気づかせるために、毎日の生活状況を詳しく時間毎に書かせ、最後に「今日の身体への気づき」、「今日の心への気づき」、「明日はどんな日になってほしいか」を書かせる。これは実存分析の技法の一つである。

体調が落ち着いてから、すぐ書かせ始めた、
幸子はこれを一生懸命書いた。

思春期は成長期である。

昨日と今日は違う。今日と明日はもっと違う。絶え間ない成長、これが子どもの本質である。我々、治療者はその成長を子どもとともに喜び合う。時に両親を交えて。

二ヵ月の入院で、危機を脱し、その後は家庭に帰った。そこに父の英断があった。

単身赴任を辞めて、父が帰ってきたのだ。

父から子は「社会」を学ぶ。それができないと子どもは非行化する。非行グループにはかならずリーダーがいる。彼らが下のものにルールを教える。それは本来父親の仕事だ。

単身赴任はわが国では当たり前である。しかし、このことの弊害は大きい。家族にとっても、本人にとっても。

今、幸子は家で完全に健康を取り戻した。体重も四四kgまで回復し、脈拍も六十六回／分まで増加し、血圧も九七／七六㎜Hgとなった。母親も落ち着き、家庭の平和がよみがえってきた。入院がきっかけで、非行仲間との縁も切れた。

## 三、拒食症という現代病

最近、拒食症が増加している。

我々は本症を「慢性自殺」と考えている。食べるという人間、否、生物に共通の本能を自ら拒否する病態がそこにある。

さらに、人間は「その死の瞬間まで成長できる」（キューブラー・ロス）唯一の生物であるはずなのに、それを拒否するのが本症である。

したがって、本症の治療は決して簡単ではない。死亡率も高い疾患である（わが国では六％）。治療には難渋することが多い。

我々は、子どもたちにいかに、彼ら固有の「食べる意味」、「生きる意味」を持たせうるか、否、彼らが自らその「意味」に気づくにはどうしたらよいか、そこに焦点を当てている、
さらに、「意味」は「責任」と「自由性」を自覚するところから生まれる。

こうした考え方を「実存分析」（ロゴセラピー）と言う。ウイーンのフランクル博士により創られた精神療法である。これはフロイト博士の精神分析を補い、超える方法である。

## 四．意味の喪失の時代

アメリカのゴア前副大統領はこう述べている。

「今日のアメリカの最大の問題は、経済問題でも、環境問題でもない。最大の問題は米国の市民一人一人が、生きる意味を忘れてしまったということである。具体的に

示すなら、米国の十代の子どもの五十万人が手首を切り、自殺をしようとした、また、大学生の八〇％が無気力でやる気がないとの報告がある。」

日本の子どもはどうか。

教育パパ、ママに尻をたたかれ、塾通い、またＴＶゲーム、ドリンク剤をキヨスクで立飲みする子どもたちに、「意味」も「責任」も「自由」も見えてこない。

しかし、こうした現象は我々大人の責任である。

新しい時代を創らなくてはいけない。そのためにはまず、我々自身が自らの「意味」、「責任」、「自由」に気づかなくてはいけないだろう。

## 五．思春期患者の特徴(1)

今日、多くのストレッサーが渦巻き、おとなですらそのコーピングに苦慮する現代社会において、子ども達もその影響を大きく受けている。その結果、身体の不調を訴え病院を訪れることもしばしばである。そうした子どもたち（主に思春期）の状況について実存分析的視点から考えてみたい。

ここで思春期とは、主に十代半ばから後半までをさす。少年期、青年期初期を包括して思春期ということにする。

思春期の患者には、成人にも小児にも、ましてや老人にもみられないような種々の特徴がある。その特徴を挙げてみる。

①思春期には機能性疾患が多い

思春期には、心身の成長のアンバランスにより発生する機能性疾患が多い。思春期に心身症として出現しやすい疾患を挙げる。

起立失調症候群、起立性低血圧、本態性低血圧、神経循環無力症、過呼吸発作、貧血、気管支喘息、神経性食欲不振症（拒食症）、過食症、肥満症・るいそう、甲状腺機能昂進症、消化性潰瘍、過敏性腸症候群、頭痛・腹痛・肩こり、月経障害、乗物酔い、夜尿症、チック、じんましん、アトピー性皮膚炎

以上述べた疾患のほとんどが機能性疾患である。

②思春期には、疾病が未だ完成されていない場合が多い

思春期は人生の過渡期であり、その変動のスピードは人生のうちで最も速い。自律神経系も内分泌系も免疫系もまだ完成されていない。心身の成長の速度に、こうした

生体のホメオスタシスをつかさどる諸機能がバランスよく働いているとはいえない。その結果、疾病の発現の仕方はきわめてあいまいである。疾病そのものが未完成の場合が多く、特に、生活習慣病（成人病）と呼ばれる慢性疾患がそうである。大人になったとき完成された病気として出るものが、この時期に未完成の形態で出現することが多い。

③疾患が機能性であったり、未完成であるため、患者の訴えはあいまいで不明瞭なものが多い

なんとなく体調が良くないが、何をどう訴えてよいかわからない場合が多い。従って不定愁訴的であったり、自律神経失調症的であったりする。

医療側も多忙のため、患者の訴えに従い、局所を強調して診察したり検査したりするが、実際は、本当の問題は別の所にあったり、全身的な機能障害であったりする。また、思春期は言語表現的にも未熟であるため、患者の言葉の不足も、それに拍車をかける結果となる。こうした場合、患者は、よく〝気のせい〟と言われてしまい、精神主義を押しつけられ、怠け者とか、気合いが入っていないからだと言われてしまい、その結果、患者はさらに混乱に陥ってしまう。

④周囲の人間（治療者・家族・教師）の眼には、心理的反応が強く意識されやすい疾患が機能的であったり、未完成であるため、診断がつきにくいという実情の中で、患者の二次的心理・社会的反応が前面に強く出て、かえって心理・社会面が強調されてしまう傾向がある。

また、この時期は、人格的にも未完成であり、自己同一性の危機や、両親との関係（母子分離不安反応など）など心理的な問題も多く、こうした心理的問題は比較的目につきやすく、かえって身体的問題が裏にかくれてしまうことすらある。

心理・社会的側面については、正当に評価してゆくべきであろう。また、身体的治療と心理・社会的治療は、後者に十分配慮しながらも、前者の検討をまず十分行うべきで、両者は車の両輪といえよう。

⑤患者は種々の心身の問題を身体的愁訴として表現しやすい

患者の多くは身体的愁訴を訴える。身体的訴えの背後に心理・社会・実存的な問題が絡んでいることが多く、これらの問題を包括的に把握することが必要である。

また、年齢が低いほど、自己の身体と精神についての自己洞察が浅く、身体的愁訴に置き換えて理解を求めてくることが多い。

すなわち、患者を身体・心理・社会・実存的に理解し、心身医学的方法や全人的医療が必要とされる。

⑥思春期「血の道症」
更年期の不定愁訴のことを〝血の道症〟といい、東洋医学でいう〝瘀血〟（おけつ）を意味する。瘀血とは、一言で言えば、血液の循環が悪く、とくに静脈血のうっ滞していることをいう。

受験勉強、運動不足、食事内容の変化（肉食の増加、摂取カロリーの増大）、急速な成長に自律神経系の発達が遅延すること、子ども社会の多くのストレスが関与して発症してくるものと思われる。

また、思春期に問題を起こす患者では、体力の弱い者（東洋医学でいう虚症）、本態性低血圧患者が圧倒的に多い。

⑦思春期は自我の形成期であり、そこには多くの心理・社会的問題が存在する
思春期には、自己同一性の危機（アイデンティティ・クライシス）、生育歴上の問

題、家族との問題、とくに母子関係における分離不安、友人関係、異性関係、反社会的行動、教師との関係など広い裾野をもって問題が複雑に絡んでいる。

また、一般社会で家庭の崩壊が著しく進行しており、これは現代の子どもたちに社会性が欠如している要因でもある。子どもは、家庭における〝父親なるもの〟、〝母親なるもの〟を教師や治療者に求めることが多い。

⑧思春期の大きな特徴は、将来の自己の可能性の展開に希望をつなぐことである現在の三無主義、五無主義といわれる子どもたちの中で、将来の自己像を具体的かつ明瞭に示すことのできる者はたいへん少ない。多くの子どもたちは極めて現実的になっており、社会に妙に開き直っている子どももときに見受けられる。

〝今、ここで〟の自己の存在意義に眼を開き、今、一瞬を大切に生きる生き方をもつ子どもは少ない。こうしたことは、一般に死の教育を通して学ぶ場合が多いが、死を忘れた現代社会ではその教育はなかなか難しい。

生命の教育を通して、人間は有限の時間の中で、生かされて生きている存在であるということを十分に確認させていくことが必要であろう。その過程で、彼ら自身の存在意義（かけがえのない生命）を確認させ、自尊心を形成させ、自らの可能性を信じ、希望をもって生きる姿勢を育むような援助は思春期医療の要でもある。すなわち、成長モデルの導入が必要である。

⑨ 思春期の問題は、患者のQOL（クオリティ・オブ・ライフ、生命の質）を低下させる

うまく解決されない心身の問題は、患者の身体・心理・社会・実存的状況をいっそう悪化させ、患者のQOLを落としてしまう。

焦燥感とどこにももってゆきようのない怒りと不安にさいなまれ、もがけばもがくほど地獄は深まる。

二次的心理反応を引き起こす前に、速やかに早期発見し、早期治療することが望ましい。

⑩ 治療にあたる者（治療者・教師・親）の態度が治療に大きく影響しやすい

多くの患者は、治療者がどのくらい真剣に自分を受け入れてくれるのかを試そうとする。治療者が、患者を正しく受け入れた時、はじめて彼らは心を開いて治療のベースに乗ってくる。

## 六、思春期患者のライフ・レビュー・インタビュー

我々は、病態の発症の基本に心理・社会・実存的要因が深く関与していると考えられる場合、しばしばライフ・レビュー・インタビュー[(2)]を用いる。その目的のひとつには、病状の改善とセルフ・コントロールのために患者自身による心身相関の洞察・理解を促すことにある。

社会や家庭で起こるさまざまな矛盾は、社会的な弱者である子どもたち、特に、大人と子どもの間に存在している思春期の子どもたちによく現れやすい。その発現形態のひとつが病気である。とすれば、その原因の根源である社会や家庭の矛盾を解決しなければ、思春期の病気も解決困難と考えられる。その治療法のひとつに家族療法がある。

しかし、もう一方の見方からすれば、社会や家庭ばかりに責任があるのではなく、患者自身の在り方（実存性）はどうなのかという問いかけである。患者のなかには、「このような病気にいったい誰がした」と、親や周囲の人々に恨みを持っている場合もある。確かに、人格の形成のプロセスで、患者の心理反応や心理的成長状態が生育

歴に左右されるところは大きい。ことに思春期は、一個の人間としての自己形成の過程の時であり、そこには自己の意思の形成と明確化も自ずと必要とされる。周囲からの影響ばかりではなく、自分はどう考え、どう行動していくのかという、自らへの問いかけも必要になってくる。

我々が思春期患者に行うライフ・レビュー・インタビューは、主に、患者自身に自らの自分史を書かせるという方法による。

ノート（またはレポート用紙）を一冊用意させ、まず、○歳から今日の年齢までのページを書かせる。すなわち、一ページに一歳分のスペースをとる。そこに、「○歳の時について、思い出すできごと」を書かせる。全部書き終わったら、それについて感想をまとめさせる。また、それを必ず治療者とともに振り返るようにする。言わば、内観法に近い方法である。

ここで行うライフ・レビュー・インタビューの目的は、患者自身や周囲との関係などについて、患者により客観的な視点を与えようとするためのものである。さらに、「書く」という作業自体が、自分の考えをまとめ、客観的視点を持たせることを補強してゆく。

そのなかで、患者が生育歴上のできごとをどうとらえ（積極的、ポジティブにとらえる）、過去のできごとを踏まえ、今ここで自分はどう考え、どうしていきたいのかを治療者とともに模索していくのである。

こうした作業の過程で、人間存在の時間的有限性（時間内存在）や、生かされ、生きている存在（関係内存在）であること、それらを踏まえて「生きる」とはという本質的命題に迫るのである。

病態に自我の未熟性が大きく関与していることもあり、思春期の病気の回復には、患者の自我を成長させていくことも、治療の柱と考えるゆえんである。

次に、事例を示そう。

## 七、ライフレビューインタビューの事例

①症例の紹介

患者：一五歳、女性（中学三年生）

主訴：腰痛

診断名：身体表現性疼痛障害（腰痛症）、起立性調節障害

既往歴：特記すべきものなし

家族歴：父：低血圧、母：高血圧

家族：父：四十七歳（会社員）、母：四十七歳（接骨院にてパート）、兄：二十歳（大学三年生）、姉：十七歳（高校三年生）

現病歴：中学二年の秋ころから腰痛が出現してきた。母の勤める接骨院に通ったが改善せず、部活のバレーボールも中学二年の終わりで中止した。翌年四月に当院整形外科を受診し、内服薬、湿布、座薬で様子をみていたが、改善しないため、六月に整形外科入院となった。心理・社会的問題の関与が考えられ、入院後、心療内科に紹介されてきた。心療内科はまず、外来での診療とした。

初診時所見：一五三cm、五二kg。両肩甲部、腰背部の広範囲に痛みがある。時には、下肢にも痛みとしびれが出現した。腰椎MRIにて問題のある所見はなし。肩・背部の姿勢筋の緊張所見が見られた。

血圧一一六／五八mm／Hg、脈拍七十一／分。シェロングの起立試験では、立位後の血圧低下と脈拍の増加、一回心拍出量の低下を認め、起立性調節障害が認められた。手足の冷えが小さいころからあり、手掌・足底に発汗過多が認められ、末梢循環障害と交感神経系の緊張が考えられた。

食欲は著しく低下し、成長期であるのに一年前と比較し、体重が五kgも減少していた。最も不調であった中学二年の秋には四七kgであった。睡眠も不良な状態で、便秘がちであった。日常生活にも支障をきたしており、QOLは低い状態にあった。

エゴグラムでは、責任感が強く他人の面倒をよくみるが頑固な面もある。FC（自由な子ども）が極めて低い過剰適応型であった。SDSは四十四点で軽度うつ傾向を示した。

治療経過

第一回目の入院：長い間続く腰痛のため、心身の著しい疲労が認められた。心身の疲労回復を第一とし、安静と点滴を行った。痛みに対しては、硬膜外ブロックを週一回を三週にわたり施行、その後は腰部を中心にしたペイン・ポイント・ブロックを週二回行った。これらの効果持続時間は、半日位であった。

疼痛自制不可能な時は、鎮痛消炎剤の座薬を使用したが、腰痛はなかなか軽減しなかった。患者は注射、点滴などの身体的処置を好んだ。

入院の後半になり、心理・社会的アプローチとして、患者の話を聴くこと（傾聴）に焦点を絞って行った。

患者はバレーボールの練習が実にたいへんであったことをくり返して話した。部活の顧問は中年の男性教師で、朝夕の猛練習に加え、日曜には必ず練習試合を入れる。

夏・冬の休みは、一日中部活をした。おまけに顧問は、生徒の練習ぶりが気に入らなければ、さらに練習量を増やしたり、怒鳴り散らす、物を投げるなど、過激であったという。

ハードな練習と夜の塾通いで息をつく間もない日々が続き、過剰練習による腰痛と起立性調節障害を発生し、バーンアウトしてしまったと考えられた。

面接では、患者の心理的防衛反応が窺われ、心理・社会的側面に深く関わることは難しかった。

入院中に、症状の顕著な改善は見られなかったが、部活の引退時期になったことと、夏休みを控え家庭療養に切り替えるのもよいかと考え、七月中旬ひとまず退院とした。

患者は、入院したことによって詐病（仮病）ではないことが友達にわかってもらえ、歪んだ人間関係が修復できたと入院の利点を語った。

夏休み中は、遅れていた勉強を取り戻すつもりでいたが、腰痛のため座位を長時間保持することが困難で、勉強は思うように進まなかった。九月には頑張って登校していたが、ついに十月に破綻して、二回目の入院となった。

第二回目の入院：腰痛に加え、めまい、胸痛、動悸が激しく歩行できないなど、内科的要素が強いため当科入院とした。安静や痛みに対する治療は前回に準じた。二週間ほどでめまいなどが落ちついてきた。そこで、発病に至る詳しい経過を尋ね、さらに自分史的なライフ・レビュー・インタビューを行った。概略は以下のようであった。

患者は東京近郊のベッドタウンの町に生まれた。父は東京の家電メーカーに勤め、高卒ながらも課長職にあり、年数回の海外出張がある。母は接骨院のパートに出ていた。何不自由ない、ごく平凡な家庭に育ってきた。近年までは、年一回は家族旅行し、正月は家族揃ってトランプするなど、仲の良い暮らしぶりであった。

そんな中、父は子どもの養育に一つの方針を持っていた。勉強が良くできることとバレーボールをすることであった。兄と姉は成績優秀で父の期待に見事に応えていた。しかし、患者は成績が振わず、テスト後はいつも父に長時間の説教をされた。また、患者は兄、姉に比べ要領が悪く、スローペースであることを父に指摘されていた。しかし、患者はスローな自分のペースを崩そうとはしなかったようだ。

父は根っからのバレーボール好きで、今でも会社でバレーボール部を組織するほどである。父の希望で、兄、姉ともに小学生から始め、兄は大学のバレーボール部のキャプテンを努め、姉も高校のバレーボール部の部長をしている。患者も小学生からバレーボールを始めた。中学生になり、患者は本当はテニスをやりたかった。しかし、父の強い勧めで止むなくバレーボール部に入部した。

しかし、その後、暴力的な顧問によるきびしすぎる練習と勉強との両立が難しくなってきた。その上、年がら年中、部活と塾・勉強で他の子達のようにちっとも遊べないことへの不満も出てきた。

その結果、中学二年の一学期の成績が著しく下がった。両親に部活を止めたい旨を告げ、顧問に止めたいと言った。しかし、顧問は成績が下がったのは部活のせいではない、部活は止めさせないと言った。父は、顧問がそう言うのであればしかたがないと言い、患者を擁護しなかった。

その後間もなく腰痛が出現してきた。腰痛のために部活と学校を休みがちになった。友達に仮病ではないかと疑われ、ふたたび人間関係がギクシャクしてきた。体調がますます悪くなり、受験準備が本格的になるにつれ、ただ焦るばかりで、将来への展望も危うくなってきたのであった。

始めは顧問への不満ばかり述べていたが、実は一方的に価値観ばかりを押しつける父への不満、おろおろするばかりの母への不満が潜在していたことが患者の中で明確になってきた。かつ、不満に感じながらも親の期待に応えようとしていた自分、頑張ったけれどついに病気になってしまった自分が見えてきた。一方、両親の理解を得られないことに加え、自分でもどうしてよいかわからず、結果的にどうにもしようがなくなり、ただ悶々とし、病気に逃げこんでいった自分がぼんやりと見えてきた。

患者は自己と周囲の関係などを自分なりに洞察し始め、その結果、不満の表出は減少してきた。今自分がおかれている状況を理解し、今自分は何をしなくてはならないのか、何ができるかという考えるようになった。将来のことを思うと、高校浪人はどうしてもしたくないという意思を表明した。学力不足は明白であった。

そこで、入院しながら受験勉強を進めることになった。弱点である文章読解と数学を中心に計画を立て、コツコツと実行した。計画や勉強を教えることに、兄姉・医師・スタッフ等が協力した。入院中、実力試験を受け、文章読解の実力がずいぶんついたことがわかり、患者は驚くとともに自信を取り戻してきた。

こうしたことと並行して、基本的な体力の維持のためにリハビリテーションを行わせた。両親も患者のことを理解しはじめ、患者の意思を尊重していこうという姿勢に変わってきた。

十二月初旬、腰痛はほぼ軽減し退院となった。その後、受験の追い込みに入り、時々腰痛が出現したが、受験を乗り越え、高校入学に向けて希望をふくらませるようになってきた。

考察

本症例は思春期によくあるケースである。

本症例の場合、親は子ども達が期待通りに育つことを強く要求していた。兄姉は自分の希望と親の期待を上手く取り入れてきたようだ。患者は兄姉とは異なるタイプであった。自己表現が上手とはいえない患者が自らのスローペースを崩そうとしなかったのは、唯一の自己主張であり親への反抗であったと考えられる。しかし、養育を受ける弱い立場にある患者は、親の期待に沿わざる得なく、過剰適応パターンを形成してきたと考えられた。

テニスを断念し、バレーボールをしなければならなかったことは、過剰適応が身についている患者にとって、さらに自己を抑圧する方向へと自分を追い込まざるを得ない結果となった。しかし、自我が急速に発達する時期にあった患者は、自己抑圧が、顧問への不満、時間的束縛への不満などの欲求不満として感じられてきた。

また、自己主張と過剰適応との間の葛藤が存在する不安定な心理状態にあった。こうした葛藤や自己抑圧は、過度なバレーボールの練習による身体疲労に拍車をかけ、その結果、腰痛や多彩な愁訴を形成したと考えられた(3)。

自己形成の過程は、自己の意思を具体的に明瞭にしていくことでもある。患者は、自分はどう考え、どうしたいのかという具体性に乏しかった。ライフ・レビュー・インタビューのねらいは、患者自身の心の動きを客観視させ、今ここでの自分の意思を明確化する力をつけようというところにもあった。インタビューでは不満の発散と心の動きに関して前述したような洞察が得られ、前向きな意思の形成が促されたと考えられた。

## 八．おわりに

自己形成は周囲の環境に影響されるところが大きい。人間は様々な可能性を持っている。子どもは大人より多くの可能性を秘めているといえる。この可能性を開花させるためには、子どもを個人と見て、個人の独自性を重んじて伸ばして行くことにあろう。

思春期医療は患者の自己実現に向けて、患者の自我の成長を促していくという役割も担っているだけに重要な意味をもつ、そこに実存カウンセリングの果たす役割は大きい。

## 参考文献

(1)永田勝太郎他編集：『からだの不調』、一〇〜二二、日本図書センター、一九八八。
(2)山崎美佐子、永田勝太郎、釜野安昭、釜野聖子、岡本章寛：「ライフ・レビュー・インタビューの実際」、全人的医療二(一)：二三一二八、一九九七。
(3)永田勝太郎他編集：『慢性疼痛』、医歯薬出版、一九九二。

# 第六章

# 短期に軽快した神経性過食症

## 一、はじめに

摂食障害（eating disorders）は近年増加の一途にある。その病態は多彩で、複雑で、一様には議論できない。したがって治療法に関しても定型的な方式は存在せず、患者の個別的な病態に合わせて選択するしかなく、いまだ思考錯誤、錯誤修正の模索が続いているのが現状である。

我々は、本症に対して、従来の精神療法に加え、フランクルにより創始された実存分析（ロゴセラピー、logotherapy, existential analysis）[1][2][3][4]を精神療法の一つとして用いることが多いが、本法により短期に軽快し、再発を観ていない過食症の一例を経験したので紹介したい。

## 二、症例の提示

症例は、十八歳、高校三年生、女子である。

既往歴・家族歴に特記すべきものはない。

現病歴は以下の通りである。

まず、中学三年生のとき、ダイエットしようとして、神経性食欲不振症（拒食症）になったが、その時は近医（内科）に通院し、約六ヵ月間通院し、消化剤等の投与を受けた。高校に入学した頃に軽快した。

しかし、高校二年生の冬より過食が始まり、家庭用の大型冷蔵庫を空にするまで食べないと気がすまない。過食後、激しく嘔吐する。過食の対象は冷蔵庫内にあるものすべてであるが、主に、シュークリーム、バター、菓子パンなどであった。こうした過食行動を毎日のようにくり返していた。

患者の生活を述べてみよう。

家庭環境は、母と二人暮らしである。患者は両親の一人娘であった。しかし、両親は患者が小学校四年生のときに突然離婚した。患者には、両親の離婚の原因、経緯は全く知らされていなかった。したがって、患者にとっては突然の出来事であった。以後、養育は母が行ってきたが、親権は父にあり、時々父とも会うことがある。父の実家は田舎の素封家であり、後継ぎがいないため、やがて患者が後継ぎになることが約束されている。しかし、父とその家族は患者を「都合の良いときだけ私をかわいがる」だけで、患者は親身な愛情を感じてはいなかった。

学校では、友人も少なく、孤独であった。クラブ活動もしていなかった。

母は街の宝飾店で働くキャリアウーマンで、優秀な販売員であった。帰りは遅く、いつも「疲れた、疲れた」と言い、患者に仕事の愚痴をこぼすこともしばしばであった。

母が帰宅する頃に、患者は過食を始めるのだが、母はあえてソッポを向いて寝てしまい、その結果、患者はいよいよ過食に走るということの繰り返しであった。

血液・尿・心電図・レントゲン検査に異状は無い。ただし、シェロングの起立試験に伴う血行動態反応の非侵襲的測定（臥位と立位で血圧などの血行動態指標を測定する）では、低血圧と徐脈、低心拍出量が認められた。

## 三、症例の経過

以下に来院時ごとの経過を示そう。

### ①第一回目の診察（初診時）

母親が患者を連れて来院したが、母は勤務開始時刻に間に合わなくなり、患者を一人残し、途中で出勤してしまった。自らの意志ではなく、母の勧めで来院したので、患者は初め診療に非協力的であったが、起立試験に伴う血行動態反応の結果（低血圧、徐脈、低心拍出量）を提示すると、危機感を感じ、関心を持ち、協力的になった。

一般に食行動異常者は低血圧、徐脈、低心拍出量であり、初診時にこのことを示すことは治療への自覚のない患者に対し、治療への動機付けともなることが多い（行動療法における忌避学習）。本患者でも導入にこの方法を示した。

高校卒業後の進路について尋ねると、将来については、「日本史」を勉強したいが、具体的な内容・希望大学名は未定とのことだった。帰り際、次回は必ず、母を連れてくると約束した。

### ②第二回目の診察（初診から二週間後）

母とともに来院した。過食は続いている。

患者は治療者の前で、初めて、母に自分の意思を言った。

「外食より、かあさんの手料理を作ってもらいたい」

「過食のとき、ソッポを向かないでほしい」

「進学すべき大学を一緒に考えてほしい」

患者にとって、過食は母への潜在的なSOSのメッセージ(「助けて!」の叫び)であったことに患者自ら気づいたようであった。その結果がこのような母への言葉になったと考えられる。

母はそんな患者を見て、その変貌ぶりに驚いて、ただショックを受けていた。過去に、患者が母にずけずけ言うことはなかったからである。

進学についていては、本来音楽系を希望していたが、その才能が薄いことに自ら気づき、断念せざるを得なく、日本史に変えた。しかし、保守的な父は、患者が県内の大学に進学するなら学費は出すけれど、遠方に行くなら出さないと言ったが、患者は父の言葉を遮り、自分の意志で進学先を決めることを宣言した。たとえ苦学することになっても大学には行きたいと決意を述べた。

**③第三回目の診察(初診から四週間後)**

診察後、母は「買い物に行くからあなたも一緒に行こう」と誘ったが、患者は「No」と言った。患者が母の誘いに「NO」と言ったのは初めてのことである。

母が患者を無視するとき、過食が起きることに母も気づき、母は無視する態度をやめるようになった。その結果、過食は減った。

また、進学について具体的に考えるようになり、母と京都の大学を見に行った。日本史の一般書を積極的に読み始めた。

母が患者に相談を持ちかけることが多くなった。親子の会話が増え、母も早く帰るようになった。

**④第四回目の診察（初診から六週間後）**

過食はほとんどなくなった。

大学では、弥生時代の民衆の生活について、未知の部分が多いので、その研究をしたいと具体的な進路を決めた。東京の某大学日本史科に決定した。そこに専門家がいるからという。猛然と勉強を始めた。

母と対等に話すようになった。母を「私がかばってやるべき存在」ととらえ、親子関係が変貌した。

**⑤第五回目（初診から八週後）**

過食は全くなくなった。

成績は良好になってきた。進学に向けて邁進し、あと少し頑張れば、希望の大学に入学可になったとうれしそうに話す。英語の検定試験を受験し、合格した（二級）。患者はこうしたことを父に話し、学費を出してもらえるように交渉した。父はしぶしぶ納得した。「進学したら母から離れるので、今のうちに母に甘えておこうと思う」と言った。

**⑥第六回目（初診から十週後）**

過食は全くなし。猛勉強中である。

**⑦九ヵ月後**

電話連絡があった。「大学に合格し、東京へ行く。過食は再発していない。先生、もう私は大丈夫。」

## 四．本症例での考察

本症例では神経性過食症が問題であったが、その背景にはいくつもの要因があった。まず、両親の離婚について、患者は自分が無視され、何も知らされなかったことに怒り、納得の行かない両親の離婚にいら立ちを覚えたが、その気持ちは両親には通じていなかった。

その結果、学校・家庭で孤立し、さらに加えて、音楽大学への進学の挫折をかこい、父と父の家族への不信感を強く持った上に、患者自身の将来への不安などが深く潜在していた。

過食そのものへの治療意欲の乏しい患者に対し、シェロング（Schellong）の起立試験に伴う血行動態反応の非侵襲的測定[5]の結果（徐脈・低血圧・低心拍出量）を示し、この病態が本症の死因になりうる話をしたことが、忌避学習（avoidance learning）にもなり、「このままではいけない」という患者の治療意欲を引き起こしたものと考えられた。

治療者は患者に、過食は「必ず治る」と保証し、身体的には補剤（十全大補湯エキス、コエンザイムQ10[6][7][8]）を用い、循環器系の事故を予防した。

外来では、バリント式の医療面接[9]をくり返し、実存分析学にしたがってアプローチした。すなわち、患者固有の生きる意味の模索に努めた。すなわち、進学、将来への希望を具体的に考えると同時に、親子関係の修復を図った。

母との関係は来院毎にめまぐるしく変化し、患者の自立、母の患者への依存が際立っていった。

数回の面接で将来の進路・目標が明確化でき、受験に向けて努力し始めた。こうした潜在的な問題が解決するにつれて、同時に過食行動は減少していった。経過の中で治療者は患者の過食行動については直接的には何の指示も出してはいない。

この方法は、実存分析（logotherapy）における反省除去（dereflection）[10]である。これは、患者の関心を自己の症状そのものから、その患者の人生に十分な意味と価値を与えてくれる事象に向けることで症状から開放させる方法である。

さらに、「治らないと次の価値を見出す行為に進展できない」との認識を得た患者が治療者からの「もう、君の過食行動は治ってもよい頃だ」といった無言の非指示的（体験的）メッセージを受け、そこに「啐啄同時（そったくどうじ）」[7,8]がなされたと考えられる。

思春期の症例では挫折をいかに乗り越えるか、依存と自立の葛藤をいかに克服するかが大きな問題となる。

挫折に対しては、挫折したことより、落ち込むのではなく、むしろそこからこそ新しい価値観が形成される自由性があることもあることを知る（治療者は知らせる）知恵が重要である。

さらに、「なぜ」挫折してしまったのかよりも「いかに」挫折を乗り越えるかを考えることがより重要であろう。それを可能にするのは患者の自律性（自己決定）である。治療者によるロゴセラピー的アプローチ（反省除去）は患者の自律性を促す方法であり、それを可能にしてくれる。

こうしたロゴセラピー的方法は、本患者にとって、「短期で効果のある有用な精神療法」であったと考えられた。

また、本患者の治療が短期間に奏効したのは、本症例が現実心身症であり、実存心身症(3)であり、親子の間に基本的信頼関係が既に形成されていたからとも考えられた。

## 五．おわりに

実存分析療法は難しい精神療法だとよく言われる。しかし、今日のように慢性的なストレスに曝されている現代人にとっては必須の方法である。創始者のビクトール・フランクル博士も指摘しているように、実存分析学は精神分析療法や行動療法など他の精神療法を補完する立場にある(2)。したがって、他の精神療法も含め、全人的医療(7)

という文脈の中で包括的に運用される必要がある。[8]

今日ほど、「人間とは何か」が強く問われている時代はない。その本質に直接アプローチするのが実存分析（ロゴセラピー）である。我々は一九九三年に故フランクル博士夫妻を日本に招聘し、日本実存心身療法研究会を組織し、研究会を毎年続けている。

実存分析の対象は実存神経症だとよく言われるが、実は実存心身症はもっと多くある。これは晩年、フランクル博士も認めてくれたところである。さまざまな症状の背景に実存的虚無（existential vacuum）がある患者は現代社会には多い。故池見酉次郎教授はそれを「失意味症」と言った。実存心身症は現代病であり、生活習慣病の本質でもある。

**参考文献**

(1)永田勝太郎編集：『ロゴセラピーの臨床』、pp．一二二、医歯薬出版、東京、一九九一。
(2)永田勝太郎：「フランクル博士の生涯と実存分析」、『全人的医療』一（一）：五―一三、一九九五。
(3)永田勝太郎：「実存分析学（ロゴセラピー）概論」、『全人的医療』二（一）：一一―一二一、一九九七。
(4) Frankl,V.E.: Man's search for meaning: an introduction to logotherapy, pp.237, Beacon Press, Boston, 1959.
(5) 永田勝太郎、岡本章寛、釜野安昭、久保田健之、釜野聖子、本田龍三、山崎美佐子：「非侵襲的血行動態の測定」、『臨モニター』、二(二)：一五一―一五六、一九九一。
(6) 永田勝太郎：『漢方薬の手引き』、ｐｐ．二九五、小学館、東京、一九九五。
(7) 永田勝太郎：『新しい医療とは何か』（ＮＨＫブックス：八一七）、ｐｐ．二一九、日本放送出版協会、東京、一九九七。
(8) Nagata,K.: Comprehensive medicine -biopsychosocial medicine, Oriental and Occidental overview, International Foundation of Biosocial Development and Human Health (New York), pp. 203, 1999.
(9) 池見酉次郎監修、永田勝太郎編：『バリント療法―全人的医療入門』、医歯薬出版、ｐｐ．二一七二、東京、一九九〇。
(10) Frankl,V.E.: Paradoxical intention and dereflection, Psychotherapy : Theory, Research, and Practice, RJ, No.3 (Fall,1975) , pp. 226-237, 1975.

# 第七章

# 起立性低血圧によるめまいと不登校

## 一・はじめに

起立性低血圧（orthostatic hypotension）[1]は、めまいを主訴とするcommon disease（よくみる疾患）の一つである。臥位から立位への体位変換に際し、立位後の血圧低下（収縮期血圧にて二一㎜Hg以上）がその本態であるが、症状は全身に渡り、多愁訴である（表一）。また、本症の患者では、そのＱＯＬ（quality of life; 生命《いのち》の質）[2]が、著しく低下している。そのＱＯＬの改善のためには、全人的医療（comprehensive medicine）が必須である。また、本症の診断には起立試験が必須であるが、それを行うところが少なく、一般検査では異常を認めないことが多く、したがってcommon diseaseの割には正しく診断されることが少ない疾患である。

不登校を伴った起立性低血圧の一例を通し、そのめまいについて考察してみたい。

## 二・症例の提示

症例は、初診時、十七歳の高校二年生の女子。

| | 症　　状 | 頻度（%） |
|---|---|---|
| 大症状 | A．立ちくらみ、あるいはめまいを起こしやすい | ★★★★ |
| | B．立っていると気持ちが悪くなる、ひどくなると倒れる | ★★★ |
| | C．入浴後、あるいはいやなことを見聞きすると気持ちが悪くなる | ★★ |
| | D．少し動くと、動悸あるいは息切れがする | ★★★ |
| | E．朝がなかなか起きられず、午前中調子が悪い | ★★★ |
| 小症状 | a．顔色が青白い | ★★★ |
| | b．食欲不振 | ★★★ |
| | c．強い腹痛を時々訴える | ★★ |
| | d．倦怠あるいは疲れやすい | ★★★★ |
| | e．頭痛をしばしば訴える | ★★★★ |
| | f．乗り物に酔いやすい | ★★★ |
| | g．起立試験で脈圧狭小化16mmHg以上 | ★★★ |
| | h．起立試験で収縮期血圧低下21mmHg以上 | ★★★★★ |
| | i．起立試験で脈拍増加21／分以上 | ★★ |
| | j．起立試験で立位心電図のTⅡの0.2mV以上の減高、その他の変化 | ★★★ |
| 判　定：大1＋小3、大2＋小1、または大3以上で器質的疾患を除外できた場合をOD（起立性調節障害）とする（大国真彦、1974）。大2以上、または大1、小2以上を持ち、しかも起立性収縮期圧低下21mmHgを満たす場合、OH（起立性低血圧）とする（本多和雄）。 | | |

症状の出現頻度　★★★★★：100％、★★★★：75～99％、★★★：50～74％、★★：25～49％、★：0～24％

**表1　起立性低血圧の診断**

主訴は、めまい（失神感）、朝起き不良、起床時の腹痛、登校時の下痢、不登校であった。既往歴、家族歴に特記すべき点はなし。

家族は、四人で、父は県会議員を永年務め、また患者の通っていた高校のＰＴＡの会長もしていた。母は、雑貨店の経営を最近始めたが、同時に政治家の妻として、ボランティア活動を長くしていた。兄弟には、弟（十歳、小学四年生）がいる。兄弟仲はよく、患者は、弟の面倒をよくみていた。さらに、脳梗塞で寝たきりの祖母がおり、その祖母に患者は、たいへんかわいがられて育った。祖母が寝たきりになってからは、主に母がケアしていたが、患者もかかわっていた。また、政治家の家庭の特徴として、たえず、他人の出入りがあった。

こうした家庭環境のなかで、患者は、子どもの頃から、過剰適応を余儀なくされ、「他人を見れば一票と思え。頭を下げろ、あいさつをしろ」と両親から教育され、反抗期のない、「いわゆる良い子」として成長していた。

さて、この患者の症状をチェックしてみると、めまい、立ちくらみ、倦怠感、手足の冷え、腹痛、発汗過多、下痢が特にひどい症状であった。

シェロングの起立試験（表２）をおこない、安静臥位時と、立位時の血圧を測定すると、臥位で、一一二／六四㎜Hgであったのが、起立直後で、一一〇／七四、起立十分後で、九〇／七〇と、起立性低血圧を示した。この起立性低血圧は、われわれの作成した分類[6]では、Type2（遅延型）、シェロングの分類では、hypotone Formと言える。

さらに、この事例の血行動態を測定してみると、立位後の一回拍出量（SV）の低下が著しく、臥位で、六二mlあったものが、立位一〇分後には、三一mlと半分に減少していた。しかし、立位後、心拍数（HR）が、その減少に反応し切れず、心係数（CI）は、

| |
|---|
| 安静臥位（20分以上）：各パラメーターの安定したのを観て、測定 |

⇩

| |
|---|
| 能動的立位：各パラメーターの測定（2分間隔で10分間） |

測定パラメーター：収縮期血圧（SBP:mmHg）、拡張期血圧（DBP:mmHg）、心拍数（HR:B/min）、1回拍出量（SV:ml）、心係数（CI:l/min/$m^2$）、総末梢循環抵抗（SVR:dyne・sec・$cm^{-5}$）、特に立位直後、10分後が重要、これらのパラメーターの非侵襲的測定にはParama・Tec GP303sや、BoMed NCCOMなどが用いられる。

**表2　シェロングの起立試験にともなう血行動態の測定**

臥位で、三・一l／min／m²から、立位十分後には、二・一l／min／m²へと大きく減少していた。当然、総末梢循環抵抗（SVR）は、立位後、大幅に上昇していた（表3）。

一般的な血液検査、尿検査、生化学検査に異常所見は認められず、心電図の起立負荷では、第Ⅱ誘導のT波の有意の減高が認められ、胸部レントゲン写真では、CTR=三九％と、やや小心臓傾向が認められた。

まず、この事例の身体的問題において、器質的疾患は認められなく、機能的疾患として、起立性低血圧を中心に、過敏性腸症候群を有していた。過敏性腸症候群とは、腸管のけいれんによって発症する疾患で、下痢や便秘、腹痛、粘液便を主な症状とし、思春期心身症の代表的な疾患である。

［治療前］ ⇨ ［治療後］（治療2週後）

| | 臥位 | 立位直後 | 立位10分後 |
|---|---|---|---|
| SBP | 112 | 110 | 90 |
| DBP | 64 | 74 | 70 |
| HR | 66 | 72 | 87 |
| SV | 62 | 42 | 31 |
| CI | 3.1 | 2.3 | 2.1 |
| SVR | 760 | 920 | 1320 |

⇨

| | 臥位 | 立位直後 | 立位10分後 |
|---|---|---|---|
| SBP | 118 | 124 | 110 |
| DBP | 65 | 72 | 74 |
| HR | 61 | 74 | 80 |
| SV | 66 | 54 | 46 |
| CI | 3.1 | 3.1 | 2.8 |
| SVR | 830 | 990 | 1100 |

（各パラメーターの単位は表2参照）

**表3　シェロングの起立試験に伴う血行動態の変化（治療前後の比較）**

患者は、身長一六〇㎝、体重四三㎏と痩せ型で、内臓下垂傾向があった。

一方、患者の状態を、東洋医学的に評価すると、やや虚証（体力の低下した状態）、冷え症（四肢を中心に、冷えを訴える症状、すなわち寒証）であり、腹部に振水音（季肋部のあたりを軽く叩くと、ぽちゃぽちゃと消化管内の水の音がする）が聞こえ、舌の浮腫傾向もあり、水滞（生体内の細胞間液の過剰状態）と考えられた[3]。便通は、下痢が多く、また、めまい、立ちくらみ、発作性の頭痛、動悸、倦怠感、食後の眠気、やせ、内蔵下垂傾向のあることも考え、半夏白朮天麻湯の証（東洋医学的な患者の評価）と捉え、本方剤のエキス顆粒七・五g（分三）を投与した。また、心拍出量を増加させ、血圧を改善させる目的で、ユビデカレノン三〇㎎（coenzyme $Q_{10}$）、アメジニウム（**Amezinium Metilsulfate**）二〇㎎（分二）を用いた。

治療後、二週間目より、自覚症状他覚所見ともに改善が見られるようになった。特に、めまいはほとんど消失した（表3）。

さて、本症例では、幼いときから過剰適応を余儀なくされ、いわゆる「良い子」として育ってきた。それが思春期に至って、アイデンティティ・クライシス（自己同一性の危機）に陥るに至った。父親は、政治家としては、清廉潔白な方であったが、残念ながらわが子に対しては、表層的な理解しかできていなかった。しかし、それでも患者は、父を尊敬していた。一方、母親は、夫にけなげに協力していた。母親も、結婚以来相当な過剰適応状態にあった。患者は、こうした両親に迷惑をかけてはいけないという気持ちを持っていたが、それが患者自身の自己主張との間に葛藤を生じ、それが大きな心理的なストレスになっていた。

こうしたストレスは、患者の未熟な自我を混乱させるには充分であり、それは、終に、患者の生きる意味の喪失感というところにまで達していた。

このような状態の治療には、病気や症状の治療ばかり考えていても、本質的な問題解決には至らない。患者自身が、そうした状態から自立し、人間として成長するように仕向けて行かねばならない。

そうした目的のため、まず、日々の心の動きを整理をさせるために、日記を書かせ、それを元に「バリント方式の医療面接法」[4]を、外来受診時に行った。われわれ治療者は、患者がポジティブな行動を取ったときには、おおいに褒め、ネガティブな行動を取ったときには、無視するといったオペラント的アプローチを取り、患者自身による気づきを促した。また、読書指導も行い、A・J・クローニンや北条民雄、またフランクルなどを読ませた。こうした読書療法は、患者の自我の成熟に欠かせない方法である。

ところが、娘の不登校状態に、自分の政治生命までも関連させて考え、絶望した父は、ある凍てついた月夜の晩、娘を連れてドライブに出かけ、娘と一緒に絶壁から車ごと飛び降り、無理心中を図ろうとした。しかし、患者は、その心中の誘いを断固としてはねのけた。むしろ、逆に父を諭して帰宅するありさまであった。

アイデンティティ・クライシスに陥り、意味喪失状態にありながらも、父親からの心中の誘いを撥ね除けることができたのは、幼時から母のけなげな生き様を見てきたこと、また脳梗塞の祖母の生きる意欲を見ていたこと、さらに、幼時に祖母に十分に愛情をかけられていたことがあったからだろう。

しかし、患者の不登校は、この事件を契機にして、やがて、自ら登校を拒否する登校拒否へと変わっていってしまった。それは、患者の、言葉に変えた、父親の態度への抵抗行動であり、自分を理解して欲しいという非言語的なメッセージでもあった。心中を誘った父に失望をしながらも、まだ父親を理解しようとし、かつ自分も理解されたいという苦痛の叫びでもあったと考えられる。この時期は、対象の不明瞭な反抗から、父親という具体的な対象に焦点が絞れてきた時期と言えよう。

その後、間もなく、患者は、自らの人生の意味の喪失に気付き、それの再発見、再構築のため行動を起こさざるを得なくなった。それは、脳梗塞で長いこと寝たきりの祖母の死がきっかけだった。祖母は、最後まで、立派に生き、患者に、「もっと生きたい、ありがとう」と消え入るように最期の言葉を述べて、世を去っていった。

祖母の最後の言葉は、悶々と無為に日々を過ごしていた患者に、自分の人生が、いかに空しく、祖母に恥じる生き方であるか感じさせるに至った。何度かの戦争を行き抜き、夫に先だたれたなかで、必死でわが子を教育し、町の役に立つような政治家になるようにし、自らも清廉な生き様を見せていた祖母・・・その祖母が、いとしい孫に与えた最期の言葉として、「もっと生きたい、ありがとう」は、実に含蓄の深い言葉であった。

また、その後、親友に誘われてたまたま出かけた、夏の高原のミッドナイト・コンサートで音楽に包まれて見た星の美しさと、さわやかな朝焼けは、彼女に「至高体験」にも似た経験をさせてくれた。

こうしたさまざまな体験を経て、患者は、自分のかけがえのない生命の価値を見出そう、自分にしかできない人生を生きてゆこうという意思を持つようになった。

模索の挙句、患者は、高校を退学し、隣の町のレストランでアルバイトをするようになり、さまざまな社会経験をするようになった。このアルバイト期間に患者は、多くの試行錯誤をし、さらに人間にのみ可能な、人生の「錯誤修正」（高島博による）[(5)]

を果たしたといえよう。つまり、長い青春の彷徨の末、大学入学検定試験を受験することとし、予備校に通い始めた。

この間、時々、めまい、立ちくらみ、腹痛や、下痢を起こすことはあったが、薬物治療の助けも借りながら、症状をコントロールした。

大検受験の決意をする前から、将来の方針も自ら立てるようになり、好きな美術を研究できる、美術館の学芸員という職業を選択する決心をした。

一年後大検に合格し、さらに翌春には五つの大学に合格し、結局、美術系の大学に入学した。

シェロングの起立試験にともなう血行動態も大幅に改善し、起立性低血圧は完治した。便通は、時に軟便を来す程度ですんでいる。その後、まもなくこの患者は、私たちの手を離れた。自立できたのである。現在は結婚し、平和な家庭を営んでいる。

## 三、本症例での考案

本症例は、起立性低血圧をきっかけに不登校が始まり、ついに登校拒否に至った一例である。その症状の背後には、患者固有の全人的な問題が隠されており、その問題解決には、全人的なアプローチが、必至であった。

まず、本患者の主な身体的問題であった起立性低血圧について考えてみよう。

これは、立ちくらみ、めまい、頭痛、失神感、朝起き不良、午前中の気分の悪さ、乗り物酔いなどのさまざまな自律神経的症状を中心とする疾患である。その症状は全身にわたり、循環系だけでも、脳循環から、心臓の冠循環、末梢循環、静脈系と、たいへん幅広い領域に障害を呈する疾患といえよう。さらに、全身の自律神経系の反応不全が加わる。その本質的問題は臥位のときの血圧に比べ、立位のときの血圧が、二一㎜Hg以上下降することである。この血圧の下がり方にいろいろなタイプがあり、われわれは、起立後すぐに下がるタイプをタイプ1（起立直後型）、起立後しばらく（約十分くらい）かかって、じわじわ下がって行くタイプをタイプ2（遅延型）と名づけている[6]。

バルサルバ試験（Valsalva maneuver）など、さまざまな自律神経系の機能検査の結果から、タイプ1は、主に、血圧中枢など中枢神経系に問題のあるタイプであり、高齢者に多く、タイプ2は、心臓交感神経など、主に、末梢に問題のあるタイプであり、若年者に多いということがわかっている[6]。

また、シェロング（Shellong）は、立位になったとき、収縮期血圧の下降に、拡張期血圧の下降も伴うタイプを、ヒポディナーメ型（hypodyname Form）、拡張期血圧の上昇するタイプをヒポトーネ型（hypotone Form）と名づけている。

さて、起立性低血圧は、いわゆるよくある疾患（common disease）のひとつであり、その有病率は、二〜三パーセントと考えられている。私たちが、大分県で疫学調査したときは、一見健康な高校生の一二・五％に、起立失調症候群（立位の血圧低下は、二〇㎜Hgに満たないのだが、症状的には、起立性低血圧と類似した疾患：小児科では、よく略して、ODという）が認められていた[(7)]。起立性低血圧は、起立失調症候群の約一〇％に認められると一般に考えられているので、一見健康な高校生の一・三％に、本症が潜在していると考えられる。最近、本症は増加傾向にあり、人知れず、本症に悩む患者が潜在しているようである。

本疾患は、自律神経系疾患としての側面を持ち、またその的確な診断、治療には、循環器学的なアプローチも必要である。また、本疾患は、機能的な慢性疾患でもあり、いわゆる生活習慣病としての扱いも加えて行かねばならない疾患でもある。本症例のように、心身症としての病態をも有していることが多い。

年令的には、思春期・初老期という人生の転換期に多い疾患でもあり、これも、本疾患の病態を複雑にしている理由のひとつとも言えよう。

臨床の実際では、心理的反応が前面に強く出ることがむしろ多く、そのため、医学的診断のつきにくい疾患、つまり、いわゆる見えにくい疾患（見えない病気）[8]になってしまっているとも言えよう。したがって、本疾患の診断に当たっては、積極的に本疾患を疑い、詳しく問診し、さらに、血圧を臥位、立位など頻回にわたり体位を変換させて測定しなくてはならない繁雑さがある。以上のような状況から、残念ながら、本疾患は、よくある病気（common disease）でありながら、正しく診断されることの少ない疾患と言える。

また、起立性低血圧は、心身相関論の視点から見ると、デリウス（Delius, L.）のいう血行動態不良症候群（dysdynamisches Syndrom）の低反応型（hypokinetisches Syndrom）としてとらえることができよう[9]。

本疾患を有する患者では、そのＱＯＬ、すなわち、生命（いのち）の質の低下が著しく、時に、患者の実存性[10]までもが疎外されてしまっていることがある。本事例の場合、フランクルのいう「精神因性神経症」に対応して、「精神因性心身症」と言えるのではないかと考えられる。すでに阿部ら（都立広尾病院）により報告されているように、本症は、登校拒否の発症要因にもなり、また、最近は、本疾患が出社拒否の誘因疾患にもなっている症例を我々は経験している。したがって、本疾患患者へのアプローチについては、全人的医療の視点は欠かせないものと考えられる。

われわれは、本症例に対して、バリント方式の医療面接法（全人的な患者理解のための面接法）を中心にしながら、その病態の改善のためには、薬物療法を行い、また成長を促すためには、実存分析学的アプローチ[10]を中心に行った。バリント方式の医療面接法は、その両者を矛盾無く結びつける面接法として、意義があったと考えられる。

## 四．起立性低血圧とめまい

起立性低血圧には必ずといってよい程、めまいを伴う。この場合のめまいは、いわゆる「めまい感」（dizziness）であり、立ちくらみ、失神感、浮遊感、雲の上を歩いている様、眼前暗黒感といったものであり、決して回転性めまい（vertigo）ではない。本多等の研究では、一一一例の本症の患者の内、「立ちくらみ、あるいはめまいを起こしやすい」患者は一〇七例（九六％）であった[1]（表1）。したがって、本症の患者のほとんどが、めまいを訴えると言えよう。また、めまい患者の多くが本症であると言えるが、残念ながら診断されることは少ない。

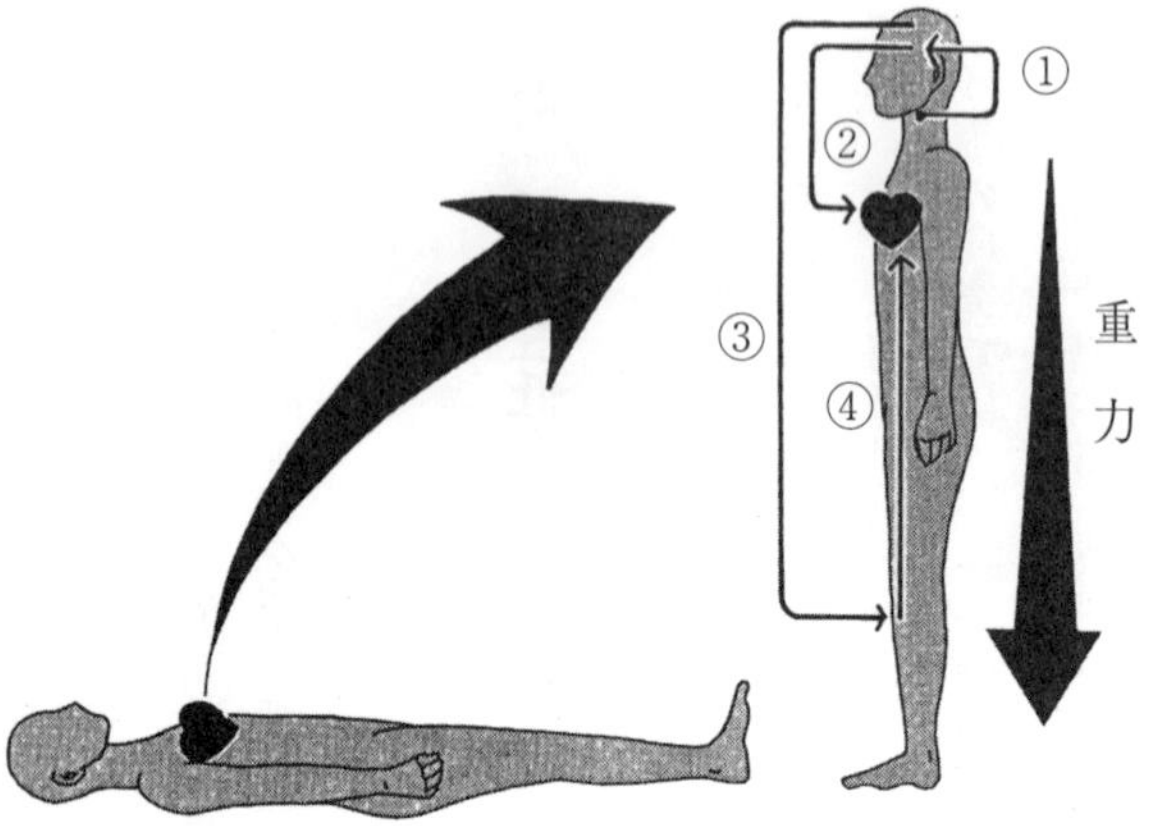


①臥位から立位を取ると、血液は身体の下部に下がり、脳へ行く血流が減ってしまう。それを頸部にある頚動脈洞のセンサーが察知し、自律神経系を介して、脳の血圧中枢（血圧のコントロール・センター）に知らせる。

②脳の血圧中枢はまず、交感神経（自律神経）を介して、心臓に多く打つよう（心拍数を増加するよう）に命令を出す。

③ところが、心臓がいくら多く打っても（心拍数が増加しても）、そのままでは、血液は地球の重力により、身体の下部にどんどん下がってしまい、心臓に還ってくる血液量がいっそう少なくなり、心臓は空回りするだけなので、脳の血液中枢は末梢の血管に収縮せよという命令を出す。②と③はほとんど同時に行われる。

④その結果、末梢の血管にあった血液が心臓に還り、心臓は十分な血液を脳に送ることができる。

こうした反射が正常状態では瞬時に行われる。しかし、低血圧患者や起立性低血圧患者では、これがうまく行われないために、めまいや失神などの症状を起こしやすい。

**図1　臥位から立位への体位変換に伴う自律神経反射**

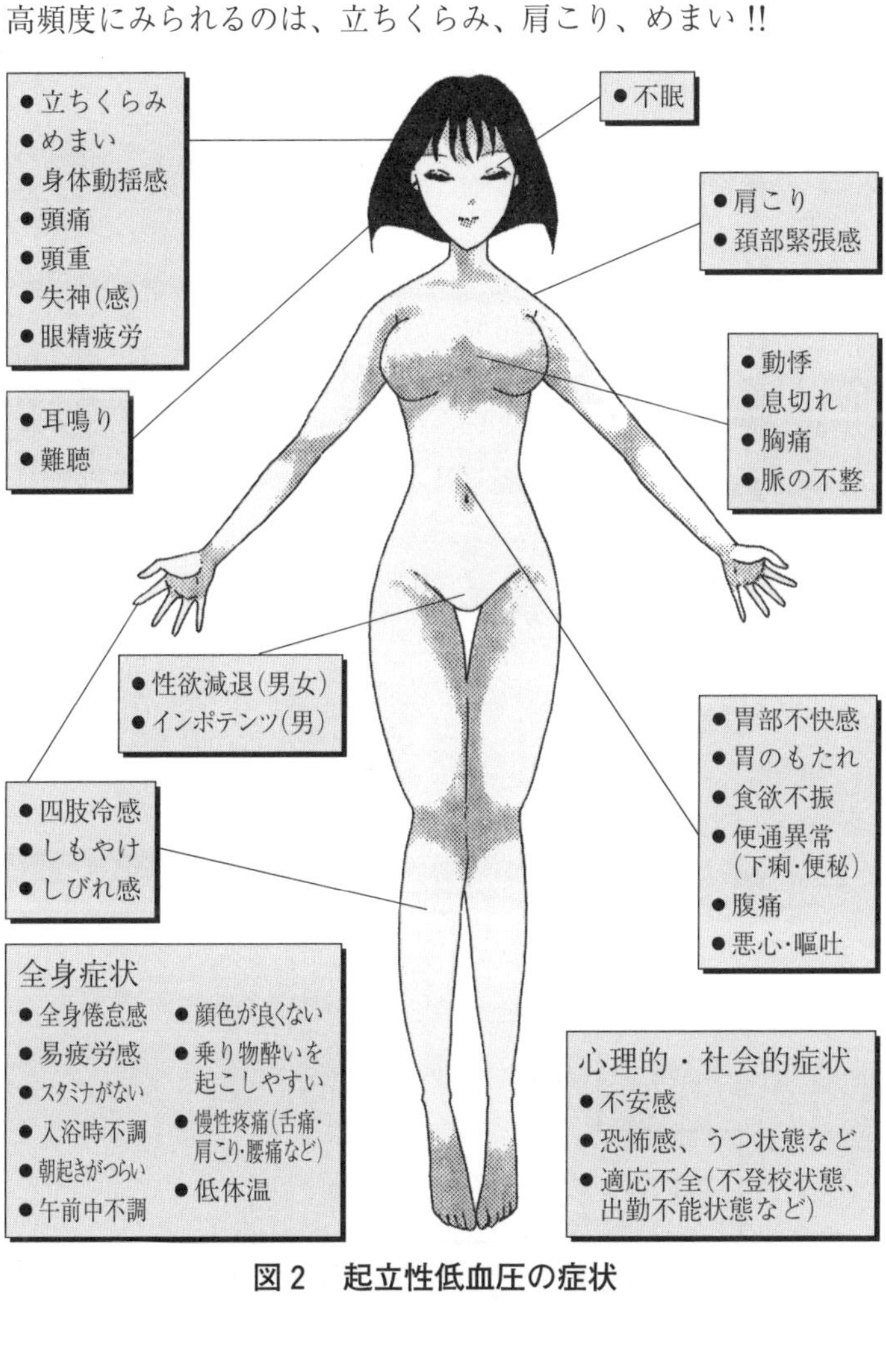
高頻度にみられるのは、立ちくらみ、肩こり、めまい!!
● 立ちくらみ
● めまい
● 身体動揺感
● 頭痛
● 頭重
● 失神(感)
● 眼精疲労
● 不眠
● 肩こり
● 頚部緊張感
● 動悸
● 息切れ
● 胸痛
● 脈の不整
● 耳鳴り
● 難聴
● 性欲減退(男女)
● インポテンツ(男)
● 胃部不快感
● 胃のもたれ
● 食欲不振
● 便通異常
(下痢・便秘)
● 腹痛
● 悪心・嘔吐
● 四肢冷感
● しもやけ
● しびれ感
全身症状
● 全身倦怠感
● 易疲労感
● スタミナがない
● 入浴時不調
● 朝起きがつらい
● 午前中不調
● 顔色が良くない
● 乗り物酔いを
起こしやすい
● 慢性疼痛(舌痛・
肩こり・腰痛など)
● 低体温
心理的・社会的症状
● 不安感
● 恐怖感、うつ状態など
● 適応不全(不登校状態、
出勤不能状態など)

**図2　起立性低血圧の症状**

臥位から立位への体位変換に伴う自律神経反射を示すと図1のようになる（図1）。

したがって、本症では身体全体の血流不全がその本態となるため、症状はめまい以外にもさまざまである（図2）。

## 五．起立性低血圧の治療と医療職の役割

起立性低血圧は「見えない病気」であるために、正しく診断されることが少ない疾患である。患者はいくつかの医療施設を転々とした挙句、「自律神経失調症」という病名の屑籠に投げ入れられたり、また、「うつ」と誤診されたりして、挙句、絶望して、我々のもとに相談に来ることも多い。

我々は症状をよく聞き、起立性低血圧が疑わしいと考えたら、今日、血圧の自己測定は一般的で

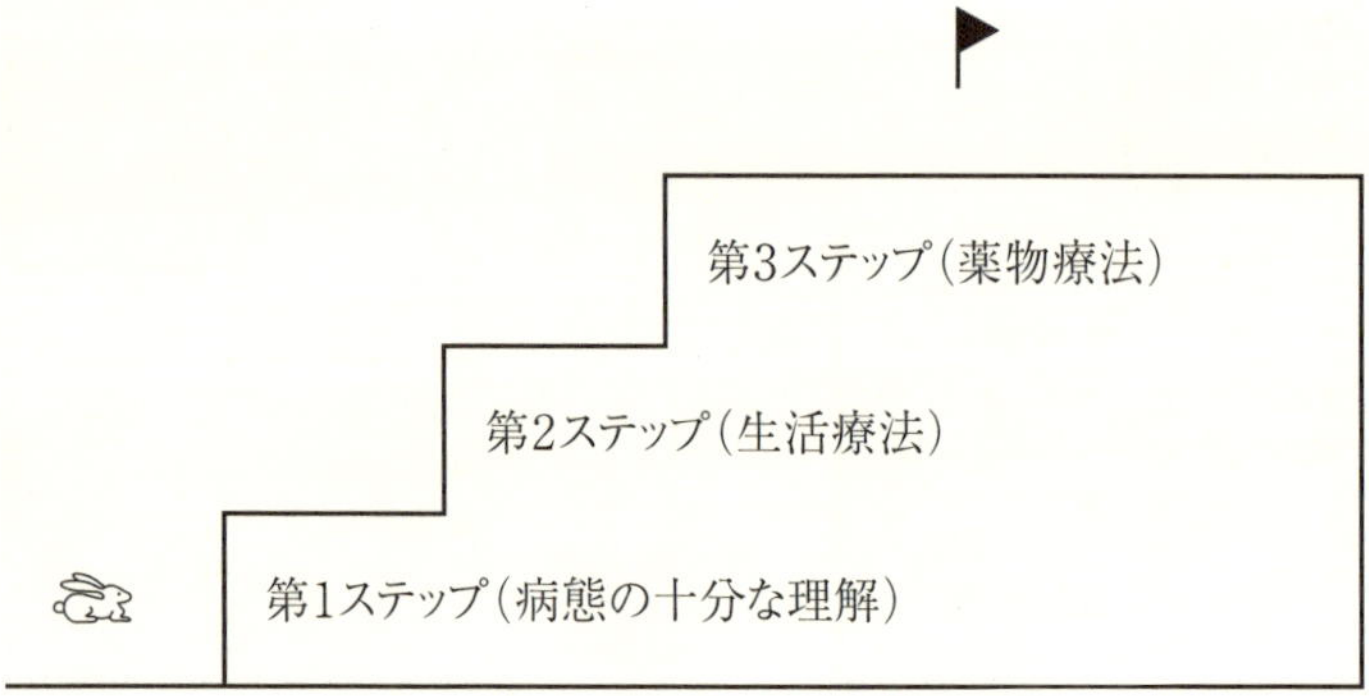


図3　起立性低血圧の3段階治療

1）生活を規則正しくしましょう。
2）疲労したときは、充分に休息を取ることを忘れずにしましょう。
3）調子が良くなったからといって、無理をしすぎないようにしましょう。
4）日常生活の強すぎる緊張をできるだけ減らしましょう。
5）適度なスポーツをして、体を鍛えましょう。
6）季節の移り変わりや気候の変化に敏感になり、はやめ、はやめに対応しましょう。
7）夏は、涼しい、湿気の少ないところにいましょう。
8）夏の冷房には注意しましょう。
9）冬は暖房を完璧にし、着衣を十分にしましょう。
10）立ちくらみ、めまいなどの症状のある場合は、体位の変換を緩やか（ゆっくり）にしましょう。
11）ご老人で、めまい、立ちくらみの有る方は、おっくうがらず、恥ずかしがらず、必ず、「杖」を使いましょう。
12）着衣に弾性ストッキングを用いましょう。
13）乾布摩擦、冷水摩擦、日光浴をしましょう。
14）朝起床時の入浴、シャワーをしましょう。
15）入浴後の冷水シャワーをしましょう。
16）時には転地療法をしましょう。
17）食事は温かいものを中心にしましょう。
18）お酒は温めて飲みましょう。
19）塩分の多い食事（1日20～30g）・蛋白食の多い食事・ミネラルの多い食事にしましょう。
20）好き嫌いをなくし、食後は、充分に休息を取りましょう。
21）チェダーチーズを食べましょう。
22）ユビデカレノンの多い食品を食べましょう。
23）お茶、コーヒー、紅茶などの嗜好品を適当にとりましょう。
24）人生を謳歌し、ＱＯＬの高いかけがえのない人生を創造しましょう。

**表4　起立性低血圧の生活処方**

| 薬理作用 | 薬　剤　名 |
|---|---|
| 交感神経作動薬 | エチレフリン<br>ジヒドロエルゴタミン<br>ミドドリン<br>アメジニウム |
| 心筋代謝改善剤 | ユビデカレノン（コエンザイム $Q_{10}$） |
| 向精神薬 | 緩和精神安定剤（ジアゼパムなど）<br>軽い抗うつ剤（スルピライドなど |
| ビタミン剤 | $VB_1$、$VB_2$ |
| 漢方方剤 | 青年：半夏白朮天麻湯など<br>老人：当帰芍薬散など |
| まず、第1ステップ（病態の理解）、第2ステップ（生活療法）を実践。十分なインフォームド・コンセントのもとに薬剤を使用。 | |

**表5　薬物療法**

すらあるので、家庭において起立試験の仕方を教え、起立性低血圧現象の有無をチェックするようにしている。さらに診断基準に合わせ、生活指導、服薬指導などを行う。

我々は起立性低血圧の治療を図３の様に三段階に考えている。

表４に起立性低血圧の生活指導の内容（生活処方）を、表５に薬物療法の内容を記載した。ずべて全人的医療[11]の文脈の中で行う必要がある[12]。

## 参考文献


(1)本多和雄、永田勝太郎：『現代の起立性低血圧』、日本医学館、東京、一九九〇。

(2) Nagata, K.: "Quality of Life Variables as New Health Indicators", Behavioral Medicine: An Integrated Biobehavioral Approach to Health and Illness, S.Araki, editor. 309-319,Elsevier Science Publishers, Amsterdam, 1992.

(3)永田勝太郎：『漢方薬の手引き』、ｐｐ．二九五、小学館、東京、一九九五。

(4)池見酉次郎監修、永田勝太郎編：『バリント療法―全人的医療入門』、ｐｐ．二七二、医歯薬出版、東京、一九九〇。

(5)高島博：『人間学－医学的アプローチ』、ｐｐ．三三四、丸善、東京、一九八九。

(6)永田勝太郎：『起立性低血圧、自律神経』、二二：三二〇―三三〇、一九八五。

(7)中原知子、和才正子、野上フサ、永田勝太郎、神奈川県立高等学校・横浜中部地区養護教諭研究

会、「養護教諭にとってのバリント方式」、『バリント療法—全人的医療入門』、永田勝太郎編、医歯薬出版、東京、六二—七六、一九九〇。

(8) 永田勝太郎：『見えない病気「低血圧」』、pp．一七四、佐久書房、東京、一九九五。

(9) Delius,L.,et al.: Psychovegetative Syndrome, Stuttgart, George Thieme Verlag, 1966.

(10) 内田安信、高島博監修、永田勝太郎編集：『ロゴセラピーの臨床』、pp．二二二、医歯薬出版、東京、一九九一。

(11) 永田勝太郎：『新しい医療とは何か』（NHKブックス：八一七）、pp．二一九、日本放送出版協会、東京、一九九七。

(12) 本多和雄・稲光哲明編：『新・現代の起立性低血圧』、新興医学出版、東京、三六六、二〇〇〇。

# 第八章

# 高齢者の医療と実存カウンセリング

## 一・全人的医療からみた高齢者の特徴

まず、高齢者とは成人が単に年齢を重ねたものではないと述べたい。しかも加齢現象には個別性があり、その老人固有の身体・心理・社会・実存的影響[1]が強く出て来る。しかもその個別性は加齢とともに大きくなる。またそれはその個人の生き様をそのまま反映したものでもある。

また、加齢には絶えず、死と死の過程というストレスが加わる。

さらに配偶者や身内の死などの喪失体験は避けられない。

人生最期の時を人間としての尊厳を持って迎える事ができるように、医療者は配慮しなくてはならない。

高齢者の個別性を考慮するときの身体・心理・社会・実存的問題を全人的医療の文脈にしたがって、以下に述べてみよう。また、全人的医療の基本モデルを表1に示した。

１．全人的な患者理解

１）身体・心理・社会・実存的医療モデル（intra-personal communication）

身体：機能的病態（病理学的に未完成の病態；半健康・半病人 ill-health）

器質的病態（病理学的に完成された病態）

致死的病態（cure の望めない病態）

心理：性格，心理的反応，ライフスタイル（life style），行動，ストレス・コーピング（stress coping）

社会：社会的役割，環境との関わり

実存：生きる意味（意味・責任・自由）への気づき

２）医師（治療者）－患者関係（inter-personal communication）

インフォームド・コンセント（informed consent）

転移・逆転移といった治療関係も分析

２．西洋と東洋の相互主体的・相互補完的関係

近代的西洋医学・伝統的東洋医学

⇨　かけ橋（interface）としての心身医学（その核は実存的視点）

３．キュア（cure）とケア（care）のバランス　⇨　チーム医療

４．瀉法と補法のバランス

５．病理モデル・健康モデル・成長モデルの相互主体的導入

（V7, Nagata, K., 1996）

**表１　全人的医療実践のための基本モデル**

## 二、高齢者の身体的特徴

まず、多臓器障害が多く、臓器の予備能の低下がある。さらに、生体全体のホメオスタシスの低下が潜在している。

局所の器質的疾患は治療への反応が成人と異なり、薬剤の副作用が強く出やすい。

局所と全身の反応の中で、全身的機能的障害も併発しやすい。

器質的病態が致死的疾患に移行しやすい。

症状は局所でも、中枢神経系に問題があることもある。

疼痛性疾患が多い。

## 三、高齢者の心理・社会的特徴

心理的問題では、心身相関反応（機能性病態に影響）が出現しやすい。性格、行動、心配事が身体的疾患に影響しやすく、また、心因反応としての抑うつ反応や神経症的反応が前面に出やすい。ストレス・コーピングについては、その人なりのコーピング方法を確立していて、それに固執しやすい。
社会的問題では、家族・地域社会の中での役割を喪失しやすい。

## 四．高齢者の実存的問題

生きる意味、生きてきた意味を喪失しやすい。責任感、自由性、宗教観、人間愛、価値観（健康観、疾病観、死生観など）などは既に形成されている。

## 五．ケア・ギバーとしての医療職の役割

以上述べたように、高齢者の医療に際しては、患者の個別性や人権に尊厳（敬意）を払う医療が必要になるが、そこにケア・ギバーとしての医療職個々の問題もある。すなわち、医療職個々の哲学がそのまま医療に反映してくる。哲学というと堅苦しいが、これは治療者の治療的自我、態度、コミュニケーション・スキルという言葉で置き換えてもよい。すなわち、治療者個々が持っている人生観、世界観、健康観、疾病観、死生観である。

ＱＯＬを高めるような医療の実践では、どのような患者を、誰が、どんな関係でケアをしているかということが大きく関係してくる。

## 六、ＱＯＬ（quality of life）：生命の質[2][3]と高齢者医療

さて、ＱＯＬは、今日、医療における最大のキーワードである。

今日、市民は医療職に対し、自らの健康・医療・福祉について、生命の量に加え、生命の質についても保証を要求するようになった。

先進国の市民はすべての商品やサービスに量のみならず、質の保証を求めるようになった。それは医療サービスについても同様であり、米国から沸き上がり、世界を席巻するようになったバイオエシックス（bioethics）運動の帰結でもある。

医療に於ける質の保証とは、今、ここで患者を苦しめている病気や苦痛から、患者を速やかに解放することに始まり、さらに『健康で長寿』をいかに保証するかを患者固有の生き様（ライフスタイル）の中で治療者と患者がともに知恵を絞り、行動変容の策を練り、また、患者が致死的病態に陥った場合も、決してあきらめる事なく、ケアの知恵を模索することである。

こうした視点から我々はQOLを以下のように定義している。

「QOLとは、身体的にも、心理的にも、社会的にも、実存的にも満足のできる状態」これは、具体的には、「おいしく食べることができ、十分よく眠れ、主に排便・排尿といった排泄に支障が無く、時に十分な運動をし、さらに疼痛が無く、たとえあっても苦痛には至らず、心理的に安定し、職場や家庭・学校といった社会環境において十分その役割を果たすことができ、生きがいをもって充実した日々を送れること」と言える。

我々はこの定義に基づき、行動科学的手法を駆使した自己記入（self-rating）式の「QOL調査票」を開発し、臨床に用いている。その項目は、食欲・睡眠・排便・排尿・運動・疼痛・心理的とらわれ（心因反応）・性生活の満足感・社会的役割の遂行・家庭生活の幸福感・生活全体の充実感の一一項目である。

（QOL調査票の問い合わせ先：〒一一四―〇〇一一東京都北区昭和町二―一二―六ライフ・クオリティ研究所☎〇三―五六九二―二三〇一）

QOL調査票により、高齢者のQOLの状態を検討してみた。平均年齢四五歳の成人と七二歳の高齢者のQOLを比較すると、すべての項目で高齢者が劣っていた。特に、睡眠、排便、疼痛、社会的役割の遂行感、生活全体の充実感、すなわち、「生きがいの欠如」の項目がより強く劣っていた。

こうした視点からも、高齢者の医療に全人的医療[4][5][6]の導入は必須であると言えよう。

全人的医療の実践に際しては、現代医学を基盤にしつつも、伝統的東洋医学やその両者のインターフェースとしての心身医学の導入が必須である（図1）。

また、キュア的アプローチとケア的アプローチは全人的医療の両輪であり、ことに後者の積極的導入が必要である。

こうした種々の方法を導入するに際しては、それぞれのもつ方法

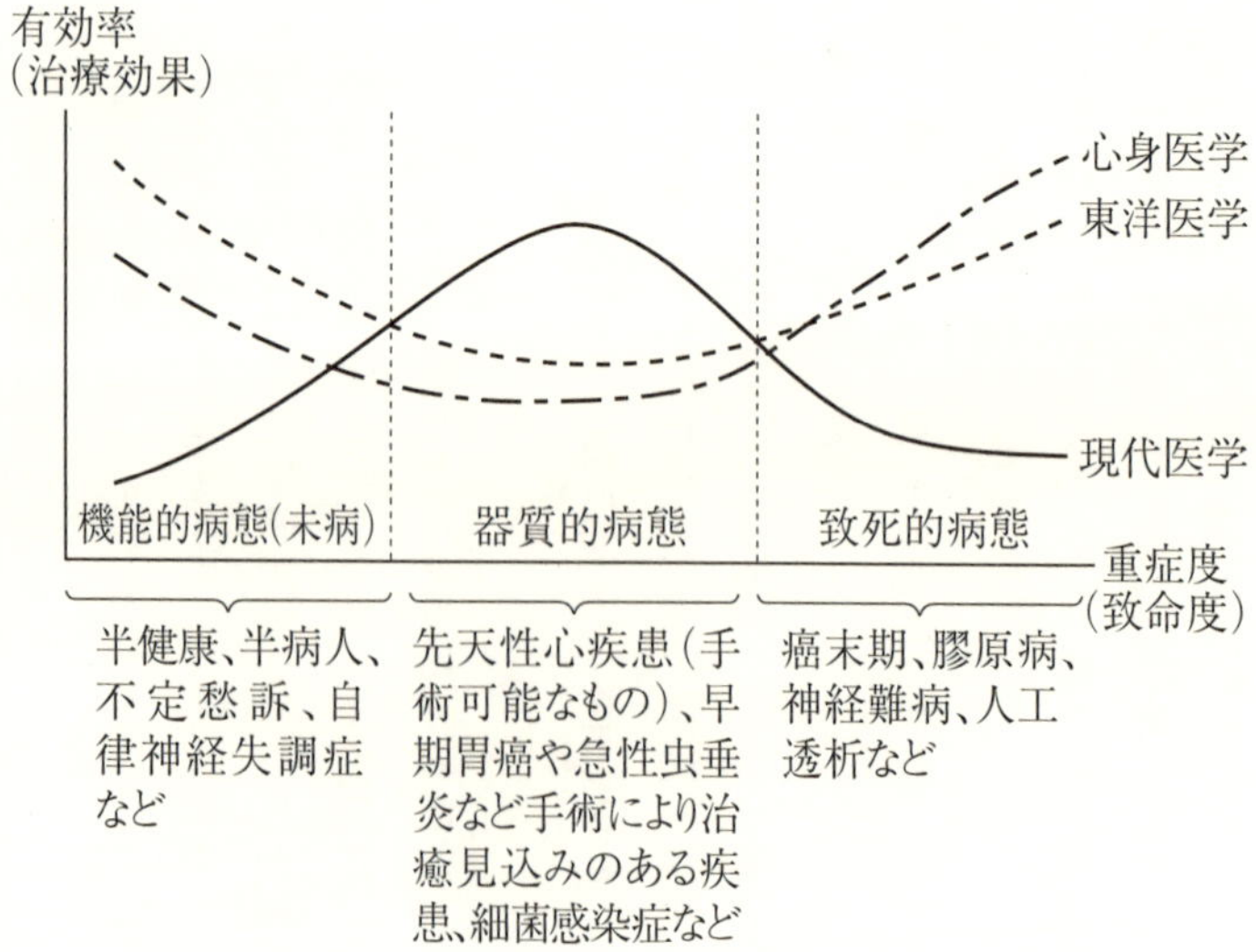


**図1　現代医学、東洋医学、心身医学の治療効果曲線**

論の適応と限界を熟知し、相互主体的に導入しなくてはならない。

疾病の成立と全人的医療モデルの関係について、図2に示した。加齢（aging）の持つ重要な意味がこのモデルから窺えると思う。

## 七．治療方法の分類

従来の治療方法を大別すると、外科的方法や化学療法、放射線療法などは瀉的方法（瀉法）であり、内分泌の補充療法、食事療法、輸液・輸

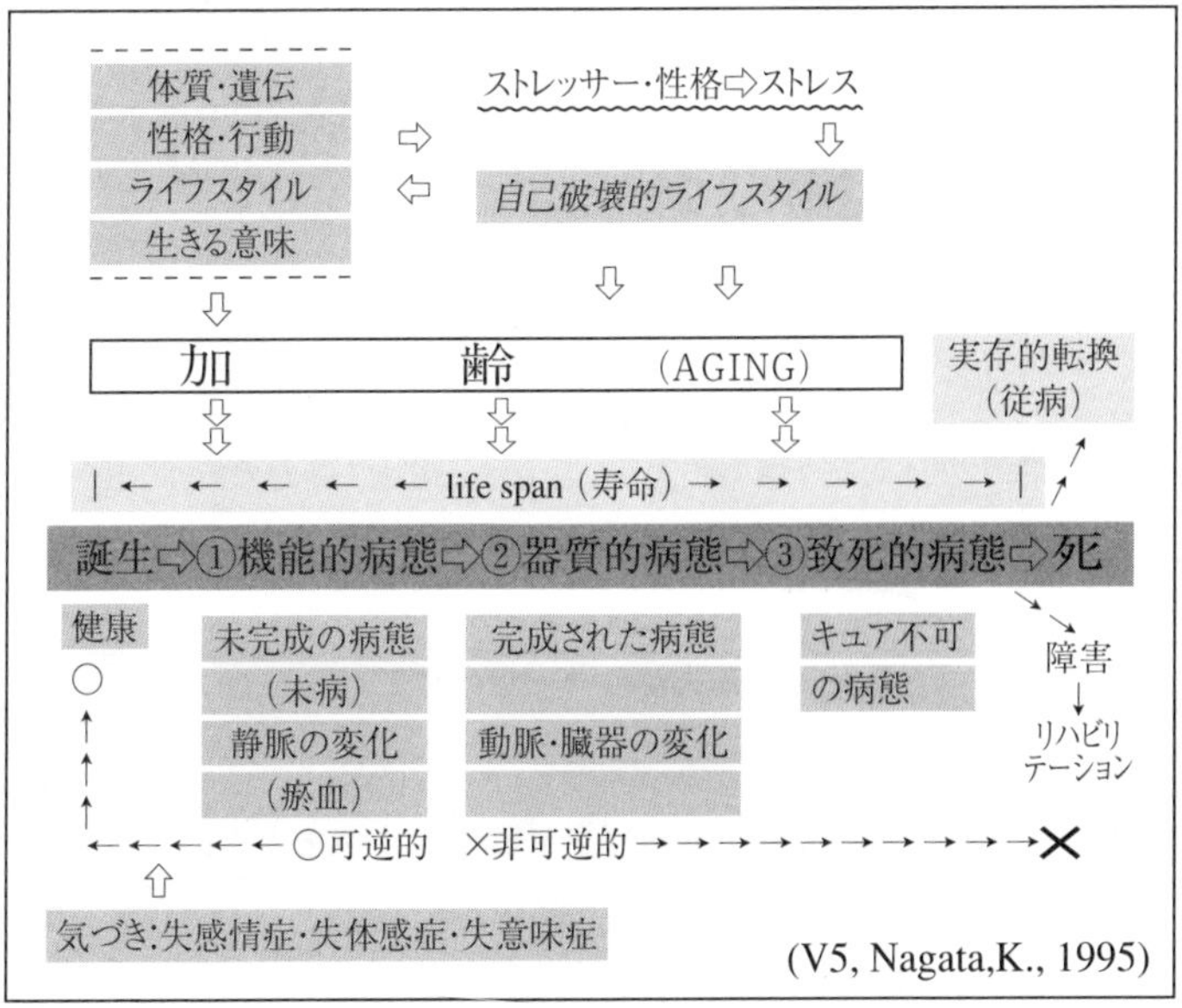


図2　病気の進行と全人的医療

| | 瀉　法 | 補　法 |
|---|---|---|
| 生体機能との関連 | 異常亢進を抑制する方法（全体的／部分的） | 異常低下を亢進させる方法（全体的／部分的） |
| 方　法 | 瀉法の駆使<br>瀉剤の使用<br>心理的瀉法（カタルシス） | 補法の駆使<br>補剤の使用<br>心理的補法(体験的療法) |
| 具体的方法 | 全体的な瀉法・補法／部分的な瀉法・補法 | |
| | 手術で除去する・瀉血<br>抗癌剤で癌細胞を殺す<br>放射線療法で癌細胞を叩く<br>抗生物質で細菌を殺す<br>鎮痛消炎剤で炎症を押さえる<br>鎮痛消炎剤で疼痛を鎮める。$\beta$ ーブロッカー、$\alpha$ ーブロッカー、H2ブロッカーなど<br>血液浄化療法 | 不足を補う(全体／部分)<br>内分泌の補充療法（インスリンなど）<br>輸液・補液・輸血<br>補剤：漢方方剤（十全大補湯・紅参末など）<br>ビタミン・コエンザイム$Q_{10}$など<br>心理療法：体験的療法・実存分析的方法（気づきを得る） |
| 医学的方法 | 主に現代医学（近代的西洋医学） | 主に伝統的東洋医学、心身医学 |
| 伝統的東洋医学的視点からみた適応 | 実証（体力の充実、陽証） | 虚証（体力の低下、陰証） |
| 汎適応症候群 | 抵抗期 | 疲弊期 |
| 評　価 | 現代医学的方法 | 尿17-KS-S, QOL |
| | 尿17-KS-S、17-OHCS、KSGコロトコフ音図 | |
| たとえ | 北風 | 太陽 |

両者は二者択一（alternative）の関係ではなく、患者の自律性を尊重しつつ、患者個々の全体像を掴む中で，専門家としての医師が意思決定し、生体全体のバランスを取る方向に導入させることが重要である。(2001, K. Nagata, V3)

**表2　瀉法と補法**

血療法は補的療法（補法）である（表2）。

高齢者の医療にとっては、この補法と瀉法のバランスが重要であり、特に、体力、気力などのホメオスタシスが低下している高齢者にとっては、それをいかに補うか、補法をいかに行うかが重要な課題である。そのため、伝統的東洋医学や心身医学的アプローチ、またケアの方法の導入が必須である。

主に現代医学的方法は瀉法に優れ、伝統的東洋医学や心身医学は補法に優れると言える。それぞれの適応曲線を図1に示した。

また、キュアは主に器質的疾患の治療をめざし、ケアは機能的病態や致死的病態の治療に有効である。

## 八．希望の小窓

さて、QOLを高めうるような高齢者医療にもっとも必要なことは、いかに、希望の維持を図るかということであろう。

「死の臨床」の研究で業績のあるキューブラー・ロスの指摘する「希望の小窓」[7]をいかにいつまでも開けておくことができるかということである。

キューブラー・ロスは同時に、「人はその死の直前まで成長できる生物である」とも言っている。このことは、臨床経験のあるケア・ギバーなら誰しもうなづける事実である。言い換えれば、このことは、高齢者医療において、「人間性、人間らしさの追求」に他ならない。

さて、その人間らしさを一言で示すなら、それは人間には「生きる意味がある」ということであろう。この意味とは「生きることの責任」、また、いかなる境遇におかれても「魂は花園に遊ぶ自由性がある」（フランクル）ということにより、支えられている。

この視点は人間の実存性に根ざした視点である。

しかし、高齢者においては、人生の残り時間が少ないため、積極的にこれからの人生に希望はつなげえない。そのため、我々は、越し方、つまり、その人の過ごしてきた人生に意味を見出すようなケア、すなわち、生きてきた意味に焦点を合わす方法をとっている。

もう一つ、大事なことはケア・ギバーである我々が、「決して、決して、決してあきらめない」（チャーチル）ケアを行うことである。

## 九．高齢者のライフ・レビュー・インタビュー(8)

さて、人間の実存性までも包括したケアの方法の一つにライフ・レビュー・インタビューである。R・バトラーにより創られた方法である。

一回約二〇分、治療者が患者のある年齢のときの出来事に耳を傾け記録してゆく。そのあと、患者にその記録を読み、フィードバックし、「あなたの〇歳はたいへんでした。しかし、本当にすばらしい人生でしたね」とポジティブに評価してゆく方法である。

これは、患者の感情のカタルシスにもなると同時に「生きてきた意味」を患者と治療者がともに認め合う（共有する）方法であり、「自他ともに、その患者さんの人生をすばらしいものと認めあう方法」である。

この方法をターミナルケアに応用し、モルヒネの使用量が減った高齢者患者や癌を乗り越え、実存的転換に至った患者もいる。

音楽や音を使った　ライフ・レビュー・インタビューを我々は開発した。これは、音楽や懐かしい音を媒介にして、高齢者の感覚や官能に直接訴える方法である。「サウンド・ライフ・レビュー」、「ミュージック・ライフ・レビュー」と呼んでいる。これらの方法は無理なく、楽しみながら、生きてきた意味に気づかせる方法である。

こうした方法で、痴呆から回復した例もある。

## 十. おわりに

さて、以上を総括すると、高齢者の医療に際しては、QOLを高めるような医療が必要であり、そのためにはまず、我々ケア・ギバーが高齢者に対し、敬意を払う態度をもつことが必須であろう。アフリカのある国では、「高齢者は宝」とすら言っている。

そのケアに対しては、「希望」と「意味」が大きなキーワードであり、その目的とするところは、高齢者の生命の尊厳であり、これは尊厳生であり、かつ尊厳死である。まず、基本的ケア、つまり、食欲、睡眠、排泄を十分に行い、生きがいにあふれた快適で豊かな日々を創造するようにしなくてはならない。

## 参考文献


(1) Day, S.B., Lolas, F., Kusinitz, M.edit.: Biopsychosocial health, The International Foundation for Biosocial Development and Human Health, pp.181, New York, 1980.

(2) 永田勝太郎：『QOL—全人的医療がめざすもの』、pp．二二八、講談社、東京、一九九二。

(3) Nagata, K.: " Quality of Life Variables as New Health Indicators", Behavioral Medicine: An Integrated Biobehavioral Approach to Health and Illness, S.Araki, editor. 309-319,Elsevier Science Publishers, Amsterdam, 1992.

(4) Nagata,K.: Comprehensive medicine -biopsychosocial medicine, Oriental and Occidental overview, International Foundation of Biosocial Development and Human Health (New York), pp.203, 1999.

(5) 永田勝太郎：『新しい医療とは何か』（NHKブックス：八一七）、pp．二一九、日本放送出版協会、東京、一九九七。

(6) Nagata, K.: Comprehensive Medicine based on Bio-psycho-socio-existential Medicine, Comp. Med. 1(1):15-32, 1995.

(7) Day,S.B.(edit.):Cancer,Stress and Death (second edition), Plenum Medical Book Co., pp.362, New York, 1986.

(8) 山崎美佐子、永田勝太郎、釜野安昭、釜野聖子、岡本章寛：「ライフ・レビュー・インタビューの実際」、『全人的医療』二（一）：二二三—二二八、一九九七。

# 第九章

# ターミナルケアと実存カウンセリング

# 一・はじめに

今日、周知のように医学・医療は目を見張るほどの進展をみせている。それにもかかわらず癌で亡くなってゆく人は多い。わが国では毎年、三〇万人を超す患者が癌で亡くなってゆく。市民にとって癌はまだまだ恐ろしい病気である。

その癌の治療にはキュア（治癒を目的とした医療）の面とケア（援助を目的とした医療）の両面がある[1]（表1）。

癌細胞そのもの対するキュアの面はもちろん、麻薬使用の普遍化、癌性疼痛のコントロール法の開発など、癌戦略はそのケアの面でも大きく進展してきている（ターミナルケア）[2]。しかし、それでもなお、現代人にとって、最大の苦痛は癌患者にあるといってよいだろう。それだけに軽率な心因論は誤解と偏見を生じやすい。しかし、癌患者の苦痛を和らげ、心理的に安定させるような心理療法はあってもよい。真に癌患者の苦痛を理解し、さらに癌そのものから開放させようとするなら、それは表層的なものではなく、患者の全人的な理解に裏打ちされたものでなくてはならない。そこには全人的医療（comprehensive medicine）[3][4][5]の視点が必須である。それのないアプロー

| | キュア（cure） | ケ　ア（care） |
|---|---|---|
| 対象 | 問題となる臓器・細胞<br>(problem oriented) | 病をもった人間全体<br>(patient oriented)(whole person) |
| 基本的特性 | 普遍性・再現性・量的・分析科学性 | 個別性・質的・統合<br>人間性 |
| 基本医療モデル | 急性疾患モデル<br>解剖学（屍体モデル）<br>生理学(実験動物モデル) | 慢性疾患モデル<br>全人的医療モデル<br>（身体・心理・社会・実存的モデル） |
| 方法 | 分析的方法<br>形態学的方法(画像診断)<br>統計学的方法 | 分析の結果の統合<br><br>現象論的方法 |
| 目的 | 問題となる臓器・細胞の治癒 | ＱＯＬの向上 |
| 問題の所在 | 患者の臓器（細胞） | 患者の生活（身体・心理・社会・実存）、医療者・両者の関係のいずれにも |
| 治療との関わり | 治療の量的表現 | 治療の質的表現 |
| 治療者－患者関係 | 積極･受身型または指導･協力型(パターナリズム) | 相互参加型（相互主体的関係） |
| 治療的自我との関連 | 浅い | 深い |
| 行為の標準化 | されていることが多い | されていることが少ない |
| 医学教育 | 知識・技術が中心<br>(知識のレベル) | 態度が中心<br>(知慧のレベル) |
| 評価方法 | あり（測定可能） | ほとんどなし（測定困難） |
| 類義語 | サイエンス | アート |

（Nagata, K. V2. 2001）

**表1　キュアとケア**

チは意味がない。

ここで、全人的医療（comprehensive medicine）の視点とは、「身体に異常のあるときは、その病んでいる身体の局所だけでなく、身体の他の部位、また全身的にも影響が現れ、さらに患者個有の心理面・社会面・実存面にも様々な反応がでてくる。それらを分析すると同時に、全人的（whole person）に包括的に把握し、いかなる場合も患者を病いをもった人間として理解し、それを診断、治療、予防に役立てようとする医療をいう」。

すなわち、全人的医療とは、いついかなる場合においても患者を「病を持った人間」として診てゆこうという医療であり、その目的とするところは、患者の生命の量の保証だけではなく、生命の質（ＱＯＬ：quality of life）[6]の向上を目指すところにある。

全人的医療の基本モデルは身体・心理・社会・実存的医療モデル（bio-psycho-socio- existential medical model, whole person medical model）であり、その基本モデルでは、これら四つの因子の間に十分バランスがとれていなくてはならない。

すなわち、まず身体因子について十分な配慮がなされ、さらに心理・社会的状況についてのケアがなされることが必要条件である。しかし、癌患者についてはこれだけでは不十分である。さらに患者の実存性[7]についての配慮がなされなくては万全のターミナルケアとは言えない。

全人的医療の実践に際しては、当然のことながら、現代医学をベースにしながらも、伝統的東洋医学的アプローチや、その両者を結ぶ「橋」（interface）としての心身医学の相互主体的鼎立が必須の条件である[8][9]。特にターミナルケアの大きな目的である癌性疼痛[10]の治療に当たってはこうした考え方がなくてはならない。

さて、全人的医療の本質は患者を心身両面から理解しようという心身医学にある。その基本的な方法は「バリント方式の医療面接法」[4]である。これは患者の問題を全人的医療モデルに則し、身体・心理・社会・実存的にとらえ、主訴と問題どうしの絡みを見出し、明確にし、さらに治療者―患者関係についても病理を見出そうとするものである。後者は患者という人間を全人的に受容・支持・保証してゆく医療者の態度であり、「治療的自我」[11]そのものである。

## 二、ターミナルケアにおける実存カウンセリングの意味

ターミナルケアは定型的な答えのない模索である。治療者が患者の個別性を十分に認識し、全人的医療の視点を導入し、ケア＆キュアの方法論を駆逐するとき、初めて

何らかの答えが見出せる。それを支えるのは治療者の態度、言い換えれば、治療者の人間愛（humanism）であろう。

すなわち、我々治療者が医療に対し哲学（医療観や生命観、死生観）をもつとき、初めて答えが模索される。ここに、医療における哲学の必要性が認識される。これが治療者個々に取り、さまざまな場の意志決定（decision making）での、本質的かつ最大の要因となる。

我々は、その基本に実存的視点（実存分析的視点）(5)(7)を置いている。なぜなら、ターミナルケアにおいて必要とされる治療は、人間の本質に迫るものでなくてはならないし、状況からの逃避やいい加減な妥協・目先だけの取り繕いは許されないからである。

フランクル（Frankl, V. E.）により提唱された実存分析の本質は人間の精神における人間固有の自由性、しかも責任を伴う自由を行使させ、治療に応用しようというところにある。患者の内なる精神の自由性と責任性に自ら目覚めさせ、運命や宿命に抵抗する自由もあることに気づかせ、そこから、その患者独自の人生の「意味」を見出させようとするものである。その結果、患者が実存的転換（existential shift:人格的態度の変容）(12)に到達することもある。

## 三、従病（しょうびょう）的態度に至った患者群の行動特性

我々の経験では、時に、癌の患者がその「頑固さ」から抜け出て、「素直でしたたか」な態度へと行動変容することがある。このような症例が実存的な態度変容を為し遂げ、ついには癌すら乗り越えてしまうことがある。こうした態度変容を「従病」（しょうびょう：高島博）(13)という。すなわち、病にしたがったふりをして、逆に病を従えてしまうしたたかさである。

ここでは我々が経験した従病的態度変容に至った症例に共通していると思われる項目を挙げてみる（臨床経験から）。

①癌の発症前は依怙地な性格、頑固なライフスタイルを維持し、他人の意見を聞き入れるような柔軟性に欠ける。

②発症後、何かのきっかけで、言わば、「至高体験」と言えるような体験がある。それは豊かな自然や人間との暖かい交流の中で、体験することが多い（体験価値）。

③そうした体験を契機に、「生かされて、生きている」自らの生命の本質・尊厳について深い洞察を得る。

すなわち、自らの生命は時間内存在（誕生から死までの限られた時間内での存在）であり、関係内存在（自然環境、人間環境などのさまざまな関係の中で「生かされて生きている存在」であることへの気づき）であり、自己の存在そのものが自然の一部であることに体験的に気づく。それは第三者から見ると、驚くほどの急速な態度変容であり、「頑固」から「素直」になったように見える。

患者は、こうした体験的認識を踏まえ、自らの生命の尊さ（生命への尊厳）、「生きることの意味」について再考し、自己の人生に自信を持ち、自分にはまだすべきことがあり、死んではいけない生命の重さを有していることに気づいてゆく。生きることへの責任への気づきである。また、そうした場合、なんらかの人生の目的ができる。それは患者にとっての「生きる意味」であり、どんなささやかなもの、どんな日常的なものでも良い。

こうした過程のなかで、患者に「したたかさ」が発現してくる。何とかしてそれをやり抜こうという強い意志の現れである。

こうした態度を従病（live with disease, 高島博による命名）と言う。すなわち、病に従った振りをして、逆に病を従えてしまうほどのしたたかさである。これこそが人間にのみ与えられた高度精神機能であろう。

④このような過程のなかで患者は悲観的人生観から楽観的人生観へと転換してゆく。患者は日常のありふれた事象に対し喜びを見出し、美しいものを美しいと認識し、人生を楽しむようになる。

さらに患者はユーモアを言うようになり、朗らかになる。自分の置かれた事態に対して、「なぜ?」（Why?）と問うのではなく、「いかにすべきか?」（How?）を問うような方向へと態度を変容してくる。

こうした態度の変化が第三者から見ると「素直」になったように見られる。

⑤周囲のすべてに対し、素直に「感謝」するようになる。他人との出会いを喜ぶようになり、一期一会《いちごいちえ》の精神を実践するようになる。

⑥以上のような患者の態度変容には治療側の体制が大きく関係している。まず、患者を中心にした治療チームができ、治療者側、患者・家族のチームワークが良くなくてはならない。治療者側は患者のＱＯＬを高めうるような様々なケアの方法を、家族の協力も得て積極的に行う。

すなわち、十分行き届いた身体的なケア、特に疼痛管理・食事管理（栄養管理）が十分にできることが絶対的条件である。

さらに心理的ケア、家族をも参加させた徹底したチーム医療など多くの要素が機能的に働かなくてはならない。それらがすべて協調しないとこうした従病的態度は発生しない。もちろん、患者に対し、治療者と患者の信頼関係（治療者と患者間の相互主体的関係）に則った十分なインフォームド・コンセントが成されることが絶対条件である。

⑦治療チームのいずれもが自らの医療観、死生観を向上させるような努力を絶えず怠らず、こうした患者との出会い、ケアできることを喜びとすることができる。

すなわち患者から学ぶ姿勢があり、自己の人格的成長を願うことができる。そして患者の抱える多くの問題、特に患者の実存レベルまで受容でき、支持でき、保証を与えることができる[16]。

我々の経験では、こうした患者が時に癌がありながらも、驚くほど回復し、癌性疼痛の苦痛から脱却し、生存期間を伸ばし、ＱＯＬ（quality of life：生命の質）を高めることができるようである。彼らの免疫能を測定するとかなり高い状態を維持していることも事実である。

池見（Ikemi, Y.）らの癌の自然退縮例七四例の詳細な検討の報告[14]を見ても、身体面では免疫・アレルギー的な影響がもっとも顕著であり、心理面では、いわゆる実存的転換などの実存的な因子が認められていた。

しかし、こうした方法の普遍化は困難である。実際のところ、残念ながら我々はいまだ癌患者全例に対し、こうした実存的気づきを導入することができない。また、その方法論の適応と限界も十分に明確とは言えない。否、むしろ研究自体もその緒に就いたばかりと言えよう。今後さらに多くの症例での経験を積み、科学的方法としてのシステム化を図って行かねばならない。

先に述べたように、癌患者に対し、このような実存レベルまでの深い態度変容に至らしむるには、治療者側の問題も大きい。

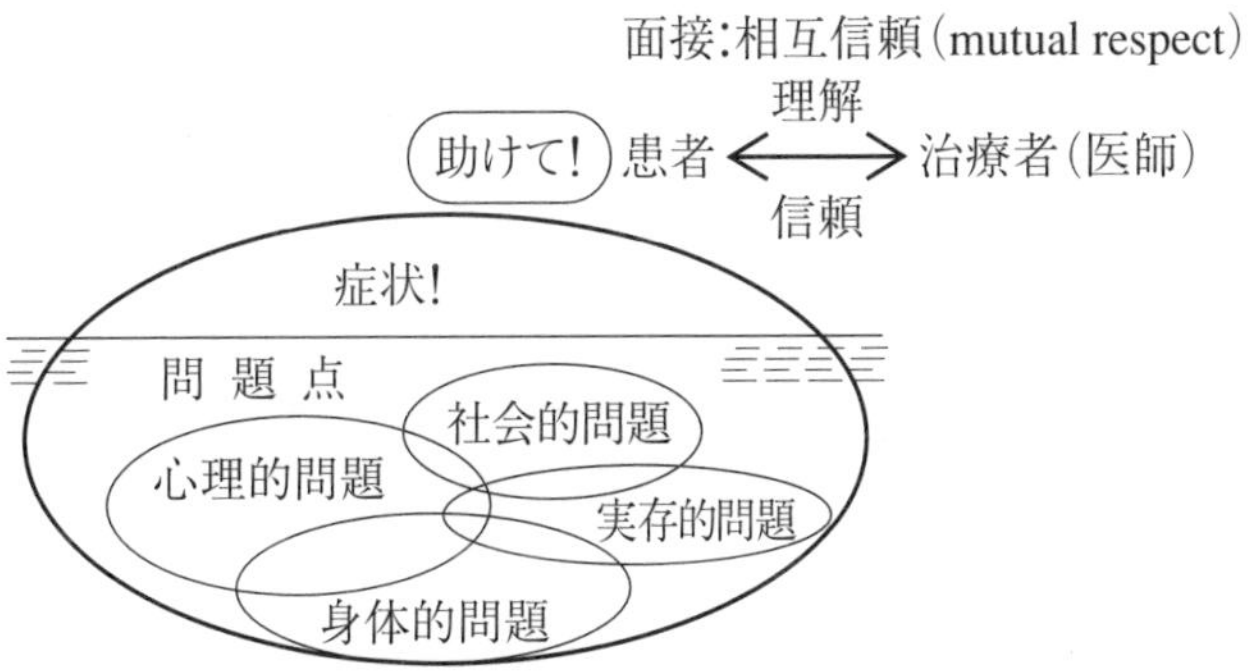


多くの問題・悪循環が症状の陰に隠されている。患者は例えるならば、氷山のようなものである。患者の訴えは言い換えれば、「助けて！」とい叫びである。治療者はその意味を分析し、解釈しなくてはならない。問題解決は治療者と患者の相互信頼（mutual respect）に基づく協同作業により分析され、相互に理解されなくてはならない。　(V5, Nagata,K., 1995.)

**図1　バリント方式による医療面接**

癌患者の心理・精神の問題を考え、さらにそれを治療に導入しようとするなら、治療者が患者の実存性にまで立ち入らないと何ら問題解決とは結びつかない。そのためには治療者自らがその生き様のなかで、実存的レベルまで到達している必要がある。これをベリント（Balint, M.）は「医師という薬」（doctor as a medicine）[9]と言い、ワトキンス（Watkins,J.G.）は「治療的自我」（therapeutic self）[11]と呼んだ。医学教育ではこれを態度教育（attitude）[15]と呼んでいるが、こうしたことを卒前教育、卒後教育のなかで、いかに科学的に教育するかが今後の医学教育の最大の課題である。バリント方式[4]はその一つであると言えよう（図1）。

## 四．従病を為し遂げた老婆

繰り返し言うが、こうした生き様の転換（実存的転換）は偶然に発生したものではない（決して奇跡ではない）。また単に心理療法の結果のみで発生したものでもない。食欲、睡眠、疼痛管理といった医療における十分な質（クオリティ・オブ・ライフ：QOL）の保証が必要条件である。これは漢方方剤やコエンザイム$Q_{10}$などのような補剤の投与や心理的補法による総合的な効果である。また、治療チームは心を一つにして患者に当たらねばならない。

さらに医療側や家族からの全人的なアプローチに加えて、患者個々の実存的な体験（豊かな自然にふれたり、人との出会いを喜び、感謝するといった至高体験を経験すること、また至高体験を経て、生かされて生きていることに気づくこと）を得て、実存的態度変容に至って初めて為し遂げられる。

ここで、高いＱＯＬの保証はまず食欲・疼痛管理から始まる。

「食べる工夫をいかにするか」が重要である。これは家族でなくてはできないケアである。

このような包括的ケアは患者を中心とし、家族、病院が一体となったときに初めて為し遂げられる。その結果、ターミナル（末期）と言われた患者が高いクオリティ・オブ・ライフを創造し、時には癌の自然退縮を見ることすらある。

すべてのケアギバーが、「決して、決して、決してあきらめないこと」（チャーチル卿）、「人はその最期の瞬間まで成長の可能性がある」（キューブラーロス）ことを知り、患者の自律性を尊重しながら、希望を与えられるようなケアをしてゆかなくてはならない。

さて、死と死の過程は人間にとって最大のストレスである。それに対する人間の行動（ストレス・コーピンング）には、「戦う」、「逃げる」、「過剰に適応する」、「従病（しょうびょう：病とともに生きる）」がある。もっとも人間らしい行動は従病である。従病とは、病にただ従うことではなく、むしろ従う振りをして、病を従えてしまうようなしたたかさを意味する。

尊厳のある死と死の過程は十分な生きる意味（生きてきた意味）を自他ともに認められるところから始まる。「ライフ・レビュー・インタビュー」はその方法の一つである。

致死的病態のケア、すなわちターミナルケアこそ、現代医学、心身医学、東洋医学の相互主体的駆使の最大の場である。

ホスピスとは建物のことを指すのではない。我々医師一人一人が末期患者に暖かい人間愛を寄せ、患者のケアに知恵を絞るとき、我々一人一人がホスピスである。我々は「ホスピス・イン・マイ・マインド!（Hospice in my mind!:わが心にホスピスを！）」の気概を忘れてはならない。

ここで、癌すら従えてしまった老婆の例を示そう。

シゲさんは、八三歳の日本中どこにでもいそうなおばあさんである。

そのシゲさんが、首・肩の激痛と激しい咳発作にみまわれるようになったのは、ある年の冬のことであった。

診断は唾液腺の癌とその肺転移であった。右の顎下に直径四cmの癌腫があり、下顎骨に食いこみ、それは頸部の血管にまで浸潤している。これでは痛いはずだ。また、肺には、直径六cmを始め、数え切れない程の転移巣がある。咳も出るはずである。

某大学病院の専門医は、ため息をつきながら、家族に、すでに手遅れで、三ヶ月も持たないと宣告した。

シゲさんは、なうての頑固ばあさんである。若くして夫を戦争で失い、女手一つで三人の娘たちを育て上げた。残念ながら、次女が、生まれついての身体障害者だった。この娘を抱え、シゲさんは必死だった。そのいとしいわが子を、誰にも任せず、ひたすら守り抜いてきた。夫の戦死の知らせを受けたとき、シゲさんは涙をこらえ、夫の墓に誓った。

「あんた、私が責任を持って、三人の娘は育てるからね。特に二番目は障害をもっているが、私が必ず最期まで見るからね！あの世で私を待っていてくれ！」

だから、シゲさんは新幹線にも、飛行機にも乗ったことがない。他の娘たちが、どんなに姉妹の面倒を見ようとしても頑としてさせなかった。

「他の人間に任せたら、わしゃ、死んだ旦那に申し訳が立たない。この娘は、わしが最期まで、面倒をみる。」

だから、シゲさんは自分が病気になったことが悔しかった。痛みは、悔しく思えば思う程、強くなった。

外来で、シゲさんは言った。

「先生、わしゃ、痛くてたまらん、どうにかしてくれ。わしゃ、まだ死ねんのでのう」

幸いなことに、シゲさんの下顎の激痛は、簡単な神経ブロック（神経鞘内注射）で良くなった。すでに転移が広がり、手術の適応はなく、また抗癌剤や放射線療法もその適応の時期を過ぎていた。言わば、「手遅れ」の状態であった。

補剤として、十全大補湯エキス七・五g/日、紅参末三・〇g／日、コエンザイムQ一〇三〇mg／日を投与した。

そんな時、北海道に住むシゲさんの弟が亡くなった。

「先生、困ったことが起きた。弟が亡くなった。」

「弟さん、どこ？」

「札幌なんだ。」

「じゃ、葬儀に行かなくちゃならないね。」

「ウン、もう何十年も会っていない。ワシ、この身体で行けるかの？」

「行けるよ。飛行機がいいよ。」

「先生、ワシ、飛行機に乗ったこと、ないんだよ。新幹線も。」

「へえ！」

ここで初めて、シゲさんは次女のこと、家族のこと、夫のことをを話してくれた。

「シゲさん、飛行機のほうがいいよ。札幌に私の知人の医師がいるから、困ったら訪ねるといい。」

紹介状を書いて、渡した。

「先生、次女のことだけど、どうしよう？」

「長女の家に預けたら？」

「ワシ、預けたことないんだよ。」

「なぜ？」

「死んだ夫に約束したから。絶対、私が面倒見るって。」

「だったら、札幌に行けないじゃない。」

「だから、困っている・・・」

「長女の家に預けて行きなよ。嫌がられているわけじゃないんでしょ。」

「ううんだ、長女は前からワシに預けて温泉にでも行けと言ってくれている。長女の夫も優しい人でのう。」

「じゃあ、素直に預けて行けばいいじゃない。」

このような会話の後、シゲさんは不安を胸に抱きながら、札幌に旅立って、行った。

さて、翌週、シゲさんはニコニコ、上機嫌で外来に現れた。

「先生、ほら、これみやげだよ。」

と言って、バター飴を渡してくれた。

「どうだった?札幌は?」

「イヤー、先生、良かったよ。こちら(東京)は梅雨でジトジトしてるだろ。札幌はカラッとして、さわやかだったよ。それにしても飛行機ってすごいねえ。津軽海峡の上を通るとき窓からじっと見ていたら、波頭が見えた!高いとこ通っているのに、波頭が見えるんだね!北海道にはいったらね、ライラックの畑と麦畑が広がってね、丁度麦秋っていうんだねえ、麦の穂が黄色く、きれいだったよ。」

葬儀に出るために乗った初めての飛行機。初夏の北海道の霞にけむる景色を眼下に見て、シゲさんはよほどうっとりしたのだろう。眼は遠くを見つめていて、まるで、少女の様。

「シゲさんよ、葬儀に行ったんだろ、葬儀はどうだった？」

「ああ、弟ね、ありゃ、しょうがねえよ。」

「えっ？どうして？」

「歳だから。」


何という会話か。シゲさんは自分は不死身と思っているらしい。もちろん、自分の病気についてはよく知っているのだが。


「ところで、娘さんはどうした？」

「そう、そう、ワシャ、びっくりしてしまった。羽田空港に着くや、タクシーで急いで長女の家に行ったんだ。ちょうど夕食の時間でね、驚いたよ。ワシと二人で夕食をとっているときに、あの娘、笑ったことがねえ。だけど、何と、長女の家では、家族とすっかり和んで、キャア、キャア言いながら楽しそうに、うれしそうに食事をしているんだ。」

「なあ、先生、ワシャ、考えちまったよ。ワシがあんまりにも頑《かたく》なに次女を抱え込んでしまったために、ワシの人生も次女の人生もつまんねえものにしてしまったんじゃねえだろうか！？」


葬儀に出るため訪れた北海道の豊かな自然への感激と飛行機初体験の驚き、また、次女を初めて長女の家庭に預けたところ、次女が長女の家族と実に仲よく溶けこんでいるのを見て、シゲさんは気づいた。これらはすべてシゲさんが初めて体験することであった。すばらしい自然との出会い、長女の家族の支えの中で見せた次女のにこやかさ。シゲさんは、自分や次女が生かされて生きていることを初めて体験して知った。そして、反省した。自分が余りにも、次女を抱えこみ過ぎて生きてきたことを。その結果、次女の住む世界を狭め、自分の人生をもつまらないものにしてしまったことを。

シゲさんが変わった。八三歳にして。

頑固から驚くほど素直で、したたかになった。

その三週間後のある日、自分から入院したいと言ってきた。

「先生、ワシャ、次女に北海道の景色を見せてやりたい。だから、一日でも早く良くなりたい。ワシャ、そのためなら何でもする！」

入院後、神経ブロック療法による鎮痛、補剤による全身状態の改善、実存療法（生きる意味に気づかせ、生きてきた過程に価値を見出す心理療法・ライフ・レビュー・インタビュー）、温泉療法（一日一回温泉に入り、リラックスする）を行った。

奇蹟とも思える現象が起こった。

シゲさんの下顎の癌が小さくなり、肺の転移の進行が止まってしまった。うそのように、痛みも、咳も消えた。三ヶ月後の退院の時には、なんと体重が四kgも増えていた。何よりも明るくなり、よく笑うばあちゃんになっていた。

専門医に三ヶ月と言われたシゲさんの生命はその後、八年半も伸びた。それも寝たきりではなく、家族に囲まれ、笑いと生きがいにみちみちた豊かな日々となって。もちろん、次女を北海道に連れていった。

八年半後のある春の日、静かにシゲさんは遠い国へ旅立った。

長女から一通の手紙が届いた。

「・・・亡くなる前の日、母はお茶碗にご飯粒一粒残しただけ。・・・補剤は最期まで食欲を維持してくれ、疼痛で苦しむことはなかった。

言わば、大往生であった。

なお、シゲさんの遺言にしたがって、ご遺体は大学で解剖させていただいた。

シゲさんのケースは決して奇跡ではない。同様の症例を我々はすでに数十例経験している。前の項で述べたターミナルケアに於ける実存分析療法とその背景はこうした患者さんたちから学ばせてもらったことである。心から感謝したい。

## 五. ターミナルケアとライフ・レビュー・インタビュー

ターミナルケアにおける実存分析の具体的な方法の一つにライフ・レビュー・インタビュー（Batler, R）[16]がある。これは患者の生きてきたプロセスを治療者が傾聴し、記録し、それにポジティブなストロークを与え、再び、患者にフィードバックしてゆく方法である。これは実存分析の技法の一つである反省除去（Dereflection）に由来する。

反省除去とは、症状に強迫的にとらわれている患者に対して、その関心を自己の症状そのものから、その患者の人生に十分な意味と価値を与えてくれるような事物に向けることで、とらわれから開放させる方法である。人生を振り返り、その価値の再確認を行う「ライフ・レビュー・インタビュー」は、反省除去の具体的な方法である。

この技法を駆使し、ケアすることにより、患者は自己の苦悩をまず自ら受容し、同時にそこに意味を見出せるようになり、またこの技法は患者のそうした態度の形成を目的にしている。それは、患者自身による「意味への意志」の発動である。

ターミナルケアの現場では、多くの医療者が無常を感じてしまう。しかし、このような状況においてすら、治療者が実存カウンセリングの視点を持つことにより、事態が好転することもまた事実である。すなわち私たち医療者が実存分析の視点を持つことがいかに重要であるかを十分に認識しなくてはならない。実存分析の視点は模索の手がかりを与えてくれる。しかも全人的医療という文脈のなかで初めて意味を持ってくる。

## 六、おわりに

癌患者への全人的医療（ターミナルケア）は医療職である我々治療者に突きつけられた最大の、かつ緊急を要する課題である。

癌腫は身体の局所だけを侵すのではない。癌腫は患者の全身におよび、さらに患者の生命の質・量ともに低下せしめる。

治療に際しては、キュア・ケアともに満足するような全人的医療が必須であることは論を待たない。

実存分析を中心とした実存カウンセリングはターミナルケアの可能性に大きく貢献すると信じる。

## 参考文献

(1)池見酉次郎、永田勝太郎編集：『死の臨床』、ｐｐ．二八六、誠信書房、一九八二。
(2)池見酉次郎、永田勝太郎編集、『日本のターミナル・ケア』、ｐｐ．三一六、誠信書房、一九八四。
(3)Nagata,K.: Comprehensive medicine -biopsychosocial medicine, Oriental and Occidental overview, International Foundation of Biosocial Development and Human Health (New York), pp.203, 1999.
(4)永田勝太郎編：『バリント療法—全人的医療入門』、ｐｐ．二七二、医歯薬出版、東京、一九九〇。
(5)永田勝太郎：『新しい医療とは何か』（ＮＨＫブックス：八一七）、ｐｐ．二二九、日本放送出版協会、東京、一九九七。
(6)Nagata, K.: "Quality of Life Variables as New Health Indicators", Behavioral Medicine: An Integrated Biobehavioral Approach to Health and Illness, S.Araki, editor. 309-319,Elsevier Science Publishers, Amsterdam, 1992.
(7)永田勝太郎編集：『ロゴセラピーの臨床』、ｐｐ．二三二、医歯薬出版、東京、一九九一。
(8)Nagata,K.: Psychosomatic Medicine: An Integrator of Occidental and Oriental Medicine in the Context of Comprehensive Medicine, In: Ikemi,Y. edit. Integration of Eastern and Western Psychosomatic Medicine, Kyushu University Press (Fukuoka), 189-214, 1996.

(9) Ikemi,Y.: Integration of Occidental and Oriental Psychosomatic Treatments, In: Ikemi,Y. edit. Integration of Eastern and Western Psychosomatic Medicine, Kyushu University Press (Fukuoka), 37-46, 1996.

(10) 永田勝太郎、釜野安昭、岡本章寛、釜野聖子、諸岡由憲、伊東充隆、大平哲也、藤岡耕太郎、矢部博樹、吉見輝也、山崎美佐子：〝ＱＯＬ調査表〟を用いて評価した包括的癌性疼痛のコントロール、慢性疼痛、一二（一）：一六一～一六八、一九九三。

(11) Watkins, J.G.: The Therapeutic self developing resonnance - Key to effective relationship, Human Scienses Press, New York, 1978.

(12) Booth,G.:Psychological aspects of ' spontaneous' regression of cancer, Am J Psychoanali:303-317, 1973.

(13) 高島博：『人間学―医学的アプローチ』、ｐｐ．三三四、丸善、東京、一九八九。

(14) Ikemi,Y. Nakagawa, T. Sugita,M.:Psychosomatic consideration on cancer patients who have made a narrow escape from death, Dynam Psychiatry, 31:77-92, 1975.

(15) Krathwohl,D.R., Bloom,B.S. Masia,B.B.: Taxonomy of educational objectives, The classification of educational goals, Handbook 2. Affective domain, McKay, New York, 1964.

(16) 山崎美佐子、永田勝太郎、釜野安昭、釜野聖子、岡本章寛：「ライフ・レビュー・インタビューの実際」、『全人的医療』二（一）：一三―一八、一九九七。

# 第十章

## ライフレビューインタビューの実際——ターミナルケアを通して

## 一・はじめに

ターミナル・ケアの最大の目標は、患者の苦痛を除去・緩和することにある。そのことは患者に残された時間を有効に活用させ、クオリティ・オブ・ライフ（ＱＯＬ：quality of life、生命の質）を高め、人間としての尊厳に満ちた終焉を飾ることである。われわれは常に全人的視点に立ち、医療を実践するよう努めているが、ターミナル・ケアはその象徴と言えよう。

## 二・ターミナルステージの問題点

末期の患者がかかえる最大の問題は、のたうちまわるほどの疼痛や様々の苦痛症状である。こうした苦痛は、身体的レベルのみにとどまらず、不安・怒り・うつなどの心理的反応をひきおこす。また、苦痛は活動性を低下させ、患者の家庭や職場といった社会環境での役割の不全感をまねく。さらに、耐え難い苦痛のために、こんなに苦しむのならいっそ早く楽になったほうがいいとさえ思うようになり、生きる希望を失わせる。

また逆に、心理・社会・実存レベルにおける問題は、疼痛・苦痛の増幅要因となる。患者が表現する疼痛・苦痛は複合的なもの（全人的な疼痛・苦痛）であり、いったん発生した疼痛・苦痛は、それぞれのディメンションにおいて、さらにまた次の反応を引き起こし、悪循環が形成されていく。

こうしたターミナルステージにおいては、患者を身体・心理・社会・実存的視点からトータルに理解し、この四つのディメンションが十分に満たされるような医療を提供してゆくことが、ターミナル・ケアにおける全人的医療の実践といえよう。ターミナル・ケアが目標とする、患者の苦痛の除去・緩和を達成するためには、身体・心理・社会・実存のそれぞれのコンディションを整えていくことが必要条件である。

## 三、ターミナルケアにおけるライフ・レビュー・インタビューの意義

ターミナルステージにおける最も重大な問題は、人間にとって最大のストレスである「自分の死とその過程」（death and dying）という問題に患者自身が、真正面から向きあわなければならないことであろう。それは、自らの存在を喪失するという、まさ

に人生最大の実存的危機であり、人間存在についてまわる本質的問題といえよう。この誰にとっても難解で受け入れがたい事態に、医療はどのように対応していくべきであろうか。

人は、意識・無意識のうちにその人独自の意味に支えられて日々生活しているが、ことに人生の末期になると、誰もが人生の意味を、もう一度、考え直すようになるものである。そして、人生のしめくくりという時には、「ああ、自分は生きてきてよかった、無駄な人生ではなっかた」という満足感を得たいというのは、万人の願うところであろう。

ターミナルステージにおいて、ライフ・レビュー・インタビューは、以下の三つの意味を持つ。

Ⓐ　生涯の総括
Ⓑ　生きてきた過程の再確認
Ⓒ　死への準備

末期においては、未来（死後の世界）に意味を見出すということは、一部の宗教家以外には困難である。ライフレビューインタビューは、患者の生きてきた過程に十分意味があり、価値のあったことを認識させるようにするところに特徴がある。

すなわち、患者は過去の体験談を語り、それを治療者という他者に積極的に評価されることにより、患者自身の生きてきた過程（人生）の持つ意味を確認することができる。そして、自分の人生は意味あるものであったと再確認できることによって、最期まで人間らしく、生きていこうという意欲を再起させるものである。

また、自分の人生は意味があったと再確認することは、苦痛の軽減にもつながり、ひいては大往生の要件にもなりうる。

さらに、インタビューを通じて、治療者は、患者がやり残したことを模索し、現状でまだ何ができるかを患者とともに考えていくことも必要である。そして、まだ何かができるという事実を知ることによって、うつ状態や退行した状態から脱却でき、苦痛を軽減でき、死を前にした生の充実をはかりうる。

## 四 ライフレビューインタビューのポイント

本インタービューに限ったことではないが、まず治療者─患者間の信頼関係がとれていることが必要である。また、治療者と話すことが苦痛にならないようにしてインタビューすべきである。一回の時間は、二〇分前後が適当である。

そのポイントは、その患者の果たしてきた社会的役割の意味の再発見にある。岡堂は、その要領を以下のようにまとめている。また、インタビューで聴く項目を以下に挙げている（岡堂哲雄：老人のケアのための心理学的アプローチ、ライフ・プランニング・センター健康教育サービスセンター、一九七六、二～三を一部改変）。

① 回想：郷愁、後悔、過去の理想化による喜び

② 錯綜した回想：苦悩、罪悪感、過去の強迫的反すう、失意、抑うつ、未来についての恐怖、自殺

③ 両者（一と二）の併存とその解決：建設的な再構成、創造性、知恵、慈善、平安、満足、生涯のまとめ、自律、円熟、誠実、現実に生きる、自伝をまとめる

このような経過の中で、患者の人生が生きるに値する人生であったことを本人、インタビューアーがともに認識してゆく。患者の人生を聴き、インタビューアーと患者がその体験を共有するというプロセスが大切である。

こうした体験によって、患者に「もっと活動したい」という気持ちを起こさせることも可能である。「もっと活動したい」気持ちは「もっと生きたい」という気持ちで裏うちされており、まだ何かできることが残されているという事実を知らせることによって、退行・うつ状態から脱却させ、死を前にした生の充実をはかりうることもある。生きる意味の再発見である。

さて、患者の状態と時間が許せば、生まれたときからのことをふりかえってもよい。一般に、人はその人の家庭・職場・地域などの社会的役割のなかに人生の意味を見出している。社会的役割は、その人の所属する集団での役割において、それぞれ異なる。家庭・地域等における役割と、職場や学校・仕事等における役割は、意味が異なり、それぞれ分けて考えてゆかねばならない[1]。

いよいよ末期で、残された時間が少ないとき、過去のこれらの社会環境に対して患者が果たしてきた役割を象徴するようなエピソードを、日常交わされる患者との会話の中からうまくひろいあげ、インタビューに取り入れていくとよい。

聞き手（インタービューアー）として最もふさわしいのは、親しい家族や患者と交流の深かった人々である。ともに過ごしてきた時間のなかに意味を確認し合うことは、患者の生きてきた意味について、より共感を深め、さらに患者の死後も、残された人たちのこころの中に、患者の足跡が記されるであろう。そのことは、人生の価値の評価をより有効なものとしてくれる。後継者や、息子、孫などが望ましい。

インタビューを行ったら、そのたび毎に、患者に積極的な評価として伝わるような言葉にしてフィードバックすることが重要である。また、インタビューの内容をノートに記録したり、テープに録音したりすることは、患者の個人史を残すことになり、患者の人生の意味をより強く支持することになる。

以下に、ライフ・レビュー・インタビューを用いたケース二例を紹介して具体的に述べてみたい。

## 五．ライフレビューインタビューによるターミナルケアの実例

### ライフ・レビュー・インタビューによりモルヒネの減量の図れた一例

安藤加根さん（仮名、八十一歳）は、腹痛を主訴に外来を受診してきた。外来での診察で、腹部にすでに大きな腫瘤があることがわかった。入院後、精査したところ、それは膵臓癌（膵頭部癌）であり、それも大きく進行し、肝臓や腹腔に転移が認めら

れていた。したがって、すでに手術適応はなく、抗癌剤も一時期使用したが、副作用ばかりが目立ち、使用を中止した。

言わば、すでに末期の状態であり、彼女の苦痛に対し我々医療職はモルヒネ（麻薬）の投与以外、何もできないでいた。患者は日々苦痛にのたうちまわっていた。

物も食べられず、眠れず、みるみるやせてゆく。安藤さんは病院の個室で、ただ天井をじっとにらみ、歯をくいしばって日々増大する苦痛に耐えていた。その噛み締めた唇からは血がにじむほどであった。

残念なことに、家族が安藤さんを見舞うこともほとんどなく、彼女はひたすら寂しい入院生活を送っていた。

八一歳の彼女にとって、最期を迎える時が迫っているにもかかわらず、何も残されたものがなく、ただ一つの願いは、一刻も早く苦痛から逃れることであった。しかし、彼女の怒りの前にはモルヒネもあまり効果はなかった。それでも使わないよりはよいということで使っていた。

彼女は激しく襲う腹部の痛みに顔をゆがめ、「わたしは一生懸命生きてきたのに、どうしてこんなに苦しまなければならないのか?!」と、わきあがる激しい怒りをおさえきれなかった。

彼女のベッドサイドに行く度に、医療職としての無力感を感じていた筆者は、ある日、覚悟を決めて彼女のベッドサイドに椅子を持ち込み、座り込んだ。彼女の疼痛（癌性疼痛）をどうにかできないかと思ったのである。

彼女はただ黙って、相変わらず天井をにらんでいた。

「どうですか？」

「・・・・」

「痛いでしょうね」

「・・・・」

何も答えてくれない。問いに窮しながら、診察を始めた。

ふと、思いついて、診察しながら、尋ねてみた。

「安藤さん、お仕事は何かしていましたか？」

「・・・、・・・、ワシャ、産婆だよ。」

「えっ！お産婆さんだったんですか！そうですか、私もお産婆さんにこの世に出してもらいました。母に聴いたことがあります。何しろ、私は戦後のベビー・ブームの生まれですから。」

「・・、そうかい、戦後は忙しかったなあ。何百人、何千人、この世に送り出したかわからんね。でも、・・・。ワシャ、だけど、一度も失敗はねえ。あぶねえと思ったら、すぐ産婦人科の先生に送ってな、・・・。みんな、みんな、産まれると喜んだもんだ、・・・だのに、ワシャ、こんな病気になっちゃって・・・。」

筆者はそんな彼女の話を真剣に聞いた。そして彼女に言った。

「ご苦労さまでした。たいへんだったですが、きっと、今でもみんな、喜んでますよ。だれも安藤さんのことは忘れていませんよ。私だって、お産婆さんがこの世に出してくれたことに感謝しているくらいですから。」

この言葉はテクニックでもなんでも無く、自然に口からでた言葉であった。

安藤さんの皺だらけの顔にひとしずくの涙が伝った。

入院して二週間、彼女が始めて見せた感情だった。

彼女は戦前から、産婆を生業としていた。彼女のとりあげた赤ん坊の数は数千人にのぼるという。その活躍ぶりはたいへんなものであった。かつての彼女の生きがいであった産婆という仕事を話題にし、その苦労話を語るとき、彼女はかつての活躍ぶりを誇らしげに語り、ひとときではあるが痛みから解放され、笑顔さえ見せてくれた。

何と、モルヒネの量が一／三に減った。それに加えて、我々医療職に感情を出す様になった。

こうしたケアに関心のある看護婦に頼んで、時間のあるときはベッドサイドに座り込んで、看護婦にも彼女の話を聞いてもらった。まだ、筆者がライフ・レビュー・インタビューを知らない頃の出来事であった。

その二週間後、安藤さんは旅立った。その顔からはあの天井をにらんでいたときの夜叉のような厳しさは消え、笑みさえが見られた。

彼女の人生の意味は、彼女が生きてきた過去の足跡にあったのである。それが医師・看護婦という第三者に認められ、「十分に生きるだけの意味のあった人生であったこと」を認識でき、安心したのだと思われる。その結果が、モルヒネの減量という効果、鎮痛効果をもたらし、尊厳死できたのではないだろうか。

ライフ・レビュー・インタビューの可能性の深さを感じる。

我々は、懐かしい音と音楽を用いて、ライフ・レビュー・インタビューのできる「ミュージック・ライフ・レビュー」「サウンド・ライフ・レビュー」を開発した（東芝ＥＭＩ社：シルバーヘルス・コントロール・シリーズの「シルバー・コンディション」：TOCZ-5110®）。老人ケアに使って効果を上げている。

## 治療者とのトラブルがたえなかった癌性疼痛患者の事例

患者は山崎史郎さん（仮名）、六十二歳、男性である。

診断名は、食道癌術後（食道再建術施行）と舌癌（腺癌分化型、Ⅳ期）であり、舌癌は治療の必要上、告知されていた。

以下に経過を示そう。

患者は二年前に食道癌で手術を行って以来、腹痛のために入退院をくり返していた。本年三月、某病院外科入院中に舌癌の診断がなされ、放射線治療のために他病院に転院したが、三週間後に外科に再入院してきた。患者は、以前より鎮痛剤の使用をめぐって治療者とトラブルを起こしており、治療側はケアに難渋していた。鎮痛剤のコントロールと治療関係の改善を目的に、外科から心療内科に照会があり、心療内科で管理することになったものである。

当時患者は、ペンタゾシン（鎮痛消炎剤）を連日、筋肉注射しており、患者からの薬剤の要求量が医療側の考える必要量（許容量）よりも多いことが、トラブルの理由であり、医療側は彼が薬物依存に陥っているのではないかとの見方が強かった。その結果、医療側は薬剤依存から脱却させるためにペンタゾシンの使用量だけを問題にし、患者がかかえている本質的な問題にまで言及することがなかったのであった。

患者の転棟に際して、病棟でバリント方式によるカンファレンスを行い、患者の問題点を整理し、さらに患者の疼痛行動と医療側の問題について分析し、検討した。

バリント方式のカンファランス、すなわち、バリント・グループワークとは、患者の全人的理解、かつ治療者―患者関係について分析し、統合するための訓練グループである。全国各地にあり、全人的医療のための訓練グループとして機能している。

さて、バリント・グループワークを通して、本患者の疼痛は身体・心理・社会・実存的な問題が複合的に作用したものと考えられた。

また患者の疼痛行動における問題点として明らかになったことは以下の六点であった。

① 患者の言う「痛み」は、痛みのみならず不快感も含んでいること。

② 種々の奇異な行動（スタッフを見かけると苦痛表情を示す、ペンタゾシンに固執する、鎮痛剤の要求以外はスタッフと交流をもたない、服薬の自己調整、かくれ食い、他患者との交流も極めて少ない、公共物の私物化など）は、患者の自己

主張の表現であり、非言語的な訴えである。

③ 舌癌を告知されており、将来にも不安をかかえているが、自分の生きる術を選択しかねている。

④ 家族に十分に受容されていない。

⑤ 医療不信にありながら、医療者の手を借りなければ生きていけないジレンマがある。

⑥ 以上が、痛み増強の要因となっていること、また、奇異な疼痛行動を起こす要因と考えられる。

**また、医療側の問題点として以下の三点があげられた。**

① 痛みの要因を身体的な点だけに目を向け、痛みを増強するほかの要因、すなわち心理・社会・実存的要因を考慮していなかった。痛みをトータルな視点でとらえていなかった。

② 医療者が患者を、一方的な視点でしか観ておらず、患者に対して否定的で防衛的な態度であった。

③　患者・医療者が互いに不信を持った関係では、良好なケアは成立しない。

このようなカンファレンスの後、医療者は患者を全人的に理解し、受容することに努めた。こうした医療者の態度の変容の結果、患者の不可解な行動は減少し、苦悩を言語で表現してくるようになった。

そして、鎮痛剤の使用について、患者と率直によく話し合い、ペンタゾシンの定時投与を行った。また、筋肉注射そのものへの依存性もあったので、鎮静の目的も加え、フェノバルビタールの筋肉注射も併用した。

さらに、これからの生きかたの模索を積極的に投げかける目的で、ライフ・レビュー・インタビューを試みた。

本患者においては、幼少時からの体験を、何回かに分けて聴いてみた。その内容を要約すると、以下のようになる。

患者は、北海道の炭坑町に生まれた。幼少時は、大自然のなかで伸び伸びと過ごした。少年時代には、時に警察ざたになるような悪さもしたが、概して活気に満ちていた。その後、炭坑で働き始め、間もなく結婚した。結婚後は、今までたくさん悪いことをしてきたので、それを償うために廃品回収をしたり、新聞を発行したりするなどの、ボランティア活動を一生懸命やった。炭坑の仕事では、生死にかかわるような事故に何回かあったが、炭坑が不況になり閉山になるまでの約三十年間、北海道の数箇所の炭坑で働き通した。

閉山後、炭坑仲間の何人かと連れだち、一家で関東地方に職を求めてやってきた。建設業や土建業など職を少しずつ変わりながらも、一家の家計を支えてきた。しかし、五九才の時、胆囊摘出術を受けてからは、身体が以前のように思うように動かなくなってしまった。

人付き合いは派手な方であったが、不自由な身では人にも迷惑をかけるので、だんだんと他人との交流を絶ってきた。

六十歳の時に、二回目の大手術をした。それ以来、入退院をくり返すようになり、〝病気の老後〟となってしまった。もはや、〝もう一花咲かせることはできなくなってしまった〟のであった。

大病するまでは、頑丈な体を資本にして、紆余曲折があってもともかく精一杯やることができた。大病をわずらって、体力が低下してしまってからは、楽しみであった釣りにも行けなくなった。もう、楽しみを見つけることもできないと落胆し、かといって人生をあきらめきれずにいた。また、入退院をくり返す経過のなかで、しだいに家族とも疎遠になり、子供たちも十分に成長し成功した現在、自分はあまり必要とされない存在であると感じていた。

そうこうしているうちに、舌癌になってしまい、舌癌の悪化や転移のことが不安になり、この先どうして生きていったらよいのか混乱するばかりであった。

このような状態にあって、ペンタゾシンは、身体的な痛みやだるさ・不快感を取り除いてくれ、さらに不安から解放してくれ、気持ちを楽にしてくれる、患者にとっては唯一楽しみのものとなったのであった（鎮痛剤の嗜癖）。

同時に、家族とは患者の今後をサポートしていってもらうために、妻や子どもたちをまじえて十分に話し合った。その結果、心療内科病棟に転棟してから二ヶ月後、これからの方向を考える意味も含めて、外泊にこぎつけることができた。

このころ、ペンタゾシンの使用は、週二回使用する程度にまで減少していた。そして、二回目の外泊から帰ってきたときに、退院して、家で過ごしてみようと思うようになってきた。

〝特別何かしたいことがあるわけではないし、会話の多い家でもない。しかし、家では自由にできる、一一階からのながめも気がまぎれる。そして、妻をこれ以上一人にしておくのは可愛そうであり、パートに働きに行っている妻が帰ってきたとき、家に誰もいなくてはわびしいだろう、自分が留守番役となってあげよう〟と、ささやかではあるが家族のなかに自分が今、できる役割を見出してきた。

そして、三回目の外泊の後、癌の悪化や転移の不安をかかえながらも退院し、在宅療養に移行することができた。

以下に、本症例から学んだことを考察してみよう。

本症例では、単一的側面からのみではなく、複合的に行ったさまざまの対策が奏効したと考えられた。

そのひとつに、バリント・グループワークを通して、医療者が受容的な態度に変容したことがあげられる。その結果、患者―医療者関係が良好となり、患者の苦悩が受容され、そのことが患者の疼痛行動まで変容させた。こうしたよい関係のなかで行われたライフ・レビュー・インタビューは、生きるということを、患者自身が改めて考え、死ぬまでこのままでよいのかと自問するきっかけを作ることになったのであった。

患者は、いままで一生懸命やってきたが、病気という大きな危機に直面し、自我が崩れてしまった。さらに、たび重なる癌の恐怖からペンタゾシン中毒に逃げこみ、身体的・精神的依存症に陥り、今までのように一生懸命生きることをやめてしまった。

しかし、インタビューによって、今の自分はただ癌の恐怖から逃げこんでいるだけであることに気づいたのであった。また、大病するまで一生懸命生きてきたという事実を、初めて他者に認められたことによって、〝このままではいけない。もう一花咲かせることこそできないが、癌の恐怖のためにペンタゾシンにばかり逃げこんでいるのはやめよう。〟という、これからの人生を前向きに考えようとする姿勢が出てきた。また、外泊を通して、患者は、幸運にもまだ家族に支えられている自分の存在を確認することができた。

さらに、こんな自分でも受け入れてくれる家族に対して、自分が何か役に立つことはないかと考えたのである。そして、今、ここでできること、すなわち、留守番という自分の役割に価値を見出したことによって、ペンタゾシンに依存しなくてもすむようになり、家族のなかにも帰ってゆくことができたのである。

また、患者はさまざまな苦悩のために、生きる方向をひとりでは決めかねていたが、インタビューを行い、治療者とともに今後の生き方をともに模索できたことは、たった一人ではないという心強さを感じさせ、あらためて生きることと取り組む気持ちを起こさせたと考えられた。

この患者に行ったライフ・レビュー・インタビューの意義は、患者に人生の意味を再発見させる糸口をつくり、まだささやかでも、何かできることが残されているという事実を体験的に気づかせ、死を前にした生を少しでも充実したものにするために貢献したことといえよう。

## 六．おわりに

ターミナルステージは、患者にとっては、もう決してくり返すことができない人生のまとめのときである。その患者だけが持つ固有の人生の過程を尊重し、その価値を認めることが、患者が最期まで人間らしく尊厳性をもって生きることにつながる。

戦乱の時代を生きた細川ガラシャはこう歌った。

「惜しまれる時こそよけれ、人も人なり、花も花なり」（花ももう少し咲いていていてほしいと思われる時に散ってゆくのがよい。人の死に様もそうだ。惜しまれる時に去ってゆくのがよい。）

ライフ・レビュー・インタビューは、その人生に敬意を表し、生きてきた過程に価値を見出す方法である[2]。

また、本方法を行い、実存的転換を果たし、後三ヶ月の命といわれたが、癌の退縮と転移の進行がとまり、その後八年半もの間、家族に囲まれて、笑いと生きがいに満ちた日々を送った患者もいた。

さて、医療側にとって、患者の死は、「他者の死」（三人称の死）である。この他者の死に共感することは、最も困難なことである。治療者自身が、まず、自分の人生の意味を問い直し、問い続けることによって、生きるとは何かということが見えてくる。生きる意味を考えることは、すなわち死とは何かを考えることでもある。人は生きてきたように死ぬからである。

医療者一人一人が、このような姿勢で、死生観を育んでいくことが、他者である患者の死により深く共感する能力をつけていくことになる。

そして、その共感こそが、ターミナルステージの患者を受容し、支持していく力になる。また、患者が最期まで人間らしく生きることができるようなケアの方策を見出し続ける熱意が、医療者にとって実に大切である。

**参考文献**

(1)山崎美佐子：池見酉次郎・永田勝太郎編、『死の臨床』：誠心書房：二〇三―二〇八、一九八二。
(2)山崎美佐子：永田勝太郎編、「ロゴセラピーの臨床―実存心身療法の実際」―ライフ・レビュー・インタビュー：六四―六九、一九九一。

【著者略歴】

**永田勝太郎**（ながた　かつたろう）

浜松医科大学保健管理センター講師。ＷＨＯ心療内科教授。

1948年千葉県生まれ。

慶應大学経済学部中退、1977年、福島県立医科大学卒業。

千葉大学第一内科、東邦大学麻酔科助手を経て、現職。

日本心身医学会代議員、日本実存心身療法研究会代表世話人、日本内科学会評議員、日本自律神経学会評議員、日本慢性疼痛学会常任理事など。

1996年、「ヒポクラテス賞」受賞（第１回国際医療オリンピック）、

2001年、「アルバート・シュバイツァー・ゴールドメダル」受賞（アルバート・シュバイツァー国際医学会）。

主な著書

『新しい医療とは何か』（ＮＨＫブックス）、『Comprehensive Medicine - biopsychosocial medicine, Oriental and Occidental overview』(Interational Foundation of Biosocial Development and HumanHealth,日本での代理店佐久書房)、『ロゴセラピーの臨床』（医歯薬出版）、『バリント療法』（医歯薬出版）、『慢性疼痛』（医歯薬出版）、『全人的医療の知恵』（海竜社）、『見えない病気低血圧』（佐久書房）、『カウンセリング心理学』（佐久書房）など

**実存カウンセリング**

●――――2002年4月1日　初版第1刷発行

著　者――永田勝太郎

発行者――井田洋二

発行所――株式会社 **駿河台出版社**

〒101-0062　東京都千代田区神田駿河台３－７

電話03(3291)1676番(代)／FAX03(3291)1675番

振替00190-3-56669

製版所――株式会社フォレスト

ISBN411-00342-2 C0011 ¥1600E